十大华人科学家丛书

孟宪明　主编

杨振宁传

黄芬香　编著

河南文艺出版社

·郑州·

目　录

一

一群天真的孩子在海滨捡贝壳,杨振宁捡回的贝壳多半是极小的,但非常精致。父亲觉得这是儿子的观察力不同于一般人的表现,他在儿子的相片背面充满自信地写道:"宁儿似有异禀。"

二

几排低矮的平房,东倒西歪地排列在那里,上为铁皮做成的顶棚,下是坑坑洼洼的地面;没有明亮的窗户,没有像样的桌椅。这就是西南联大的校舍——一个造就了大批饮誉中外的科学精英的地方。

后来成了著名物理学家的杨振宁曾多次深情地回忆说,他的根是在西南联大这片沃土中扎下的。

三

电子仪表出现了故障,杨振宁打开线路图,想检查一下毛病出在哪里。"杨,你真笨!"一位同学不耐烦地走过来,在电子仪表的连接部位上猛踢两脚,仪表又很快转动起来。他对这位同学的两脚佩服得五体投地。

由于他的动手能力较差,所以大家经常开玩笑地说:"凡是有爆炸的地方一定有杨振宁。"

四

提起杨振宁,人们都知道他是诺贝尔奖的获得者,但是,现在的物理学界却普遍认为,他的最高成就并不是获得诺贝尔奖的宇称不守恒,而是杨－米耳斯场理论。不少科学家认为他的这项成果也应该登上诺贝尔奖坛。

五

过去几十年,全世界的原子物理学家们捧着"宇称守恒定律"向宇宙奥秘之门冲击,结果一次次都失败了。杨振宁、李政道的新理论,才使人们恍然大悟:原来那不过是画在墙上的一扇假门!

1957 年，在象征科学界最高荣誉的诺贝尔奖章上，第一次写下了两位中国人的名字——杨振宁和李政道。

六

1964 年春天，在美国生活了 19 年的杨振宁加入了美国国籍。这一决定是经过了几年的犹豫与挣扎之后做出的，但入籍之后仍耿耿于怀，怕父亲到死不会原谅他的抛乡弃国之罪。

七

杨振宁虽然加入了美国国籍，但那片培育他的故土，对他来说是永生难忘的:合肥老家的旧屋,清华园的大树……他多么想登上飞机,踏上那片梦牵魂绕的热土!

　　机会终于来了,杨振宁第一次回到阔别了26年的祖国,祖国敞开了胸怀,热烈欢迎自己的骄子远洋归来。从此,他的肩上,又多了一份沉甸甸的责任。

八

　　杨振宁的心中烧着一团火,一团对中国、对中华民族充满关怀之情的炽热的火!

　　大到国家某项工程的上马、科技人才的培养,小到某个人学业的选择、专业的发展方向,无不牵动着他的心,引起他的极大关注。

九

他是一位举世闻名的大科学家,可是,他却以自己是一位物理教师而引以为荣。

几十年的教育生涯,使他积累了丰富的经验,他对中国的教育、人才的培养,都有许多独到的见解和精辟的论述。

十

杨振宁说过:我是一个物理学家,一个美国人,同时又是一个中国人,科学没有国籍,但是科学家有祖国。

太平洋不能阻隔他对祖国的亲情。几十年来,他对祖国的爱,对祖国亲人的情谊,感动着他周围的人们。

十一

杨振宁,一个世界闻名的大科学家,他在母亲面前是个好儿子,在妻子面前是个好丈夫,在儿女面前是个好父亲。

现在,他已经77岁了,77岁在人生的旅途中已属暮年,但他在学术上炉火纯青,他的事业仍如日中天,他还在一刻不停地向前走。

一

    一群天真的孩子在海滨捡贝壳,杨振宁捡回的贝壳多半是极小的,但非常精致。父亲觉得这是儿子的观察力不同于一般人的表现,他在儿子的相片背面充满自信地写道:"宁儿似有异禀。"

1. 良好的家风

    1957 年,在象征着科学界最高荣誉的诺贝尔奖坛上,第一次写下了两位中国人的名字——杨振宁和李政道。消息传到国内,亿万炎黄子孙为自己的同胞在世界科学圣殿上取得的辉煌成就感到无比的自豪和骄傲。

    杨振宁,这位诺贝尔奖获得者,他是如何一步步走向科学顶峰的? 他的童年又是怎样度过的? 还是让我们从头说起吧。

    1922 年农历八月十一日,安徽省合肥县县城。夜已经很深了,天空悬挂着一轮明月,清亮的月光洒满大地,房屋、河流、树木都增添了几分诗意和神秘。

人们早已进入了梦乡,整个城市仿佛都睡着了。突然,一声清亮的啼哭声划破夜空,从西大街四古巷杨家宅院的一间房子里传出。

"恭喜你啊,生了个儿子!"笑容满面的接生婆向孩子的父亲贺喜。初为人父的年轻人显得有点手足无措。

转眼间孩子已经满月了,大大的脑袋,大大的眼睛,十分招人喜爱,可孩子还没有正式的名字。孩子的妈妈又一次催促丈夫。孩子的父亲沉思片刻,说:"就叫振宁吧。"

给孩子取名"振宁",父亲是费了一番心思的。"振"来自杨家各房议定的家谱"家、邦、克、振",这一辈的孩子该为"振"字辈;"宁"指的是"怀宁"这个地方,怀宁是安庆的旧名,振宁出生时,父亲正在安庆这个长江边上的小城教书。父亲给儿子起这样的一个名字,主要是为了纪念他在怀宁度过的教书生活。

合肥位于江淮之间,华东腹地,历史上曾是商贾云集的商业都会。穿城而过、波光粼粼的金斗河,据说就因日进斗金而得名。经商,是合肥人世代相沿的第一等职业。而在这里,杨家却是个"外来户"。杨振宁的曾祖父杨家驹曾在安徽省西南部的太湖县任职,1877年任满后携家眷返回原籍凤阳,路过合肥,去拜见老同学张厚斋。老朋友相见,格外欣喜,张厚斋盛情款待杨家驹,并竭力劝说他留在合肥。考虑到合肥物产丰富,民风淳厚，并且自己在原籍已没有了家产，也没有亲友，于是他就在合肥落了户。

杨家驹官俸微薄，家境贫寒，连正常的生活都很难维持，但无论生活怎样艰苦，他仍尽自己的最大努力，让下代人读书应试。

杨振宁的祖父杨邦盛，18岁时该参加秀才考试了，但按照当时的规定，祖籍不在本地的考生必须由两名有身份的人做保人才能报考，而请保人需要一笔不小的礼钱，杨家拿不出这礼钱，杨家驹急得坐卧不安。看到父亲为难的样子，杨邦盛毅然辞别亲人，带上干粮步行300多里回到原籍凤阳参加考试，最后在凤阳应考得中秀才。

杨振宁的父亲杨武之生于1896年，从小勤奋好学。1914年在安徽省立第二中学毕业，第二年考入北京师范大学，毕业后回母校省立二中任教，并担任学校的训育主任。当时的校风很坏，一些有钱人家的子弟经常在外聚众闹事，胡作非为，甚至深夜不归。作为训育主任的杨武之决定从严整顿校纪。他公开宣布：晚上9点半要关门熄灯落锁，超过规定时间，概不开门！并且他亲自掌管钥匙。一天晚上，夜很深了，突然传来了咚咚的打门声，有人在门外高声叫喊开门，杨武之不予理睬。过了一会儿，这伙人翻墙进入校园，手拿木棒、铁叉到处搜寻，并大喊大叫："杨武之，有胆量你出来，今天要教训教训你！"看到这伙人气势汹汹的样子,有两位同事把杨武之藏了起来,接着又悄悄把他送出校门,藏到一位亲戚家里。这伙人当时没有找到杨武之,气急败坏地把他的卧室砸得乱七八糟,用火烧掉蚊帐。第二天他们继续大闹,扬言要打死杨武之。事情闹到这种地步,学校当局却不作处理,杨武之愤然提出辞职。校方这才决定开除这些闹事的学生,请杨武之回校继续任训育主任,被杨武之断然拒绝了。接着,他受聘于安庆一所中学,杨振宁出生时他正在这所中学教书。

在安庆,杨武之一面教书,一面刻苦自学,1923 年,他以优异的成绩通过考试,获得了到美国公费留学的机会。

2. 和母亲相依为命的日子

杨振宁的母亲名叫罗孟华,是一个旧式妇女,她和丈夫的婚姻,是由父母做主定下来的,他们 1919 年结婚,婚后生活很平静。自从丈夫远涉重洋后,家庭的重担全落在了她的身上。贤惠、勤快的她,每天起早睡晚,把家中的生活安排得井井有条。

当时的中国大地,军阀混战,民不聊生,战争使杨振宁母子饱尝了无数的苦难。那时候,军阀经常要打到合肥来,一听说军阀打来了,母亲就赶快抱着儿子,跟着人们跑到乡下去,因为乡下地广人稀,便于躲藏,或跑到外国教会办的医院里,那里也比较安全。他们就这样提心吊胆地过着日子。小振宁3岁那年，他又一次跟着母亲跑到别处去躲避，回到家中，突然发现自己家房子的角落里有一个圆圆的子弹洞，这个子弹洞在振宁幼小的心灵上留下了深刻的记忆。

在这兵荒马乱的日子里，母子俩相依为命，日子过得十分艰难。每当遇到难处，母亲便情不自禁地思念起远方的丈夫，她是多么希望丈夫能在自己身边啊！但这是一个明智而坚强的女性，为了丈夫和儿子，所有的苦难，她都可以忍受。

让母亲感到欣慰的是，儿子振宁在一天天地长大，儿子那双充满稚气的大眼睛可以让一切忧愁烦恼烟消云散。她暗下决心，虽然丈夫不在身边，自己也要把儿子培养成一个有出息的人。

小振宁4岁了，母亲开始教他认字。每天，当母亲做完家务，小振宁就会搬个小凳子坐在母亲的面前开始学习。母亲是个十分认真的人，她一丝不苟地教儿子认字、写字，对儿子要求十分严格。有一次，振宁急着去玩，有点心不在焉，把字写得歪歪扭扭，并且错了几个，一向温和的母亲生气了，罚他重写一遍。

每天晚上睡觉前，是小振宁最高兴的时候，母亲那永远讲不完的故事，伴随他进入甜蜜的梦乡。母亲给他讲家乡的民间传说，讲古人发奋读书的故事，使振宁从小就懂得了一个人要有社会责任心，要对社会有所贡献。

就这样,振宁在母亲的教育下,认识了3000多个汉字,懂得了许多做人的道理,是母亲在他孩提时代就把智慧的种子播撒在了他的心田里。对于这些,振宁时刻铭记在心,在纪念他60岁大寿出版的《杨振宁论文选集》一书的扉页上,他工整庄重地写上了"献给母亲"四个大字,这包含了儿子对母亲的一片深情。

转眼间,振宁已经5岁了。有一天,杨家来了一位陌生人,原来这是母亲为他请的教书先生。从此,杨振宁正式开始读书。老先生教的是《龙文鞭影》,这是中国旧时的启蒙书籍,其中有不少自然知识和历史典故,形式整齐、押韵,读起来朗朗上口。小振宁因为已掌握了3000多个字,再加上聪颖好学,很快就把《龙文鞭影》背得滚瓜烂熟了,连教书先生都感到十分吃惊。

父亲这几年在国外,生活也很艰难。他先在斯坦福大学读书一年,获学士学位,第二年又进入芝加哥大学专攻数学。他虽是官费留学,但补助金额非常有限,有很大一部分需要自己出。为了完成学业,他不得不边打工边学习,利用课余时间到餐厅端盘洗碗,到农场为农场主摘葡萄等。

1928年,父亲完成了学业,获得了芝加哥大学的数学博士学位。很快,这位青年数学家怀着一颗赤诚的报国之心踏上了回国的旅途。

听到丈夫要回来的消息,振宁的母亲喜出望外,不禁热泪盈眍。是啊,分别已经 5 年了,在这 5 年当中,她没有一天不在牵挂着远方的亲人,现在她日夜思念的丈夫就要回来了,她真恨不能马上就见到丈夫,于是就迫不及待地带着振宁到上海去迎接。

团聚的时刻终于到了。父亲下了轮船,快步来到了他们的面前。小振宁瞪着那双明亮的大眼睛打量着眼前的这个陌生人,心中暗想,母亲每天念叨的爸爸就是眼前这位又瘦又高的先生?父亲看到自己的儿子长得虎头虎脑、活泼健壮,高兴得合不拢嘴,把儿子紧紧地搂在了怀里。振宁不好意思地挣脱了父亲的手,跑到妈妈跟前。

"你读过书吗?"父亲亲切地问。小振宁没有回答,只是胆怯地点点头。

"那你背一段给我听听。"6 岁的振宁把《龙文鞭影》从头至尾熟练地背了一遍。父亲简直不敢相信自己的耳朵,他高兴地把儿子抱起来,然后从上衣口袋里取出一支在当时来说非常贵重的自来水笔,送给儿子,作为奖赏。

父亲的归来,为家庭带来了温暖,带来了幸福。

3. 无忧无虑的少年时代

父亲回国后不久,就被厦门大学聘为数学教授。小振宁跟着父母从上海乘船来到了海边名城厦门。

厦门大学是一所很有名的综合性大学，是著名华侨领袖陈嘉庚先生在 1921 年创办的。这里依山傍海，风光十分迷人。校园建得非常漂亮，教职工的宿舍都很现代化。

在厦门，振宁开始了他少年时代正规的学生生活。

开学的第一天，一位和蔼可亲的教师走进教室，自我介绍说，他姓汪，从今天开始，由他来教这个班的所有课程，并对大家说了一番鼓励的话。振宁很快就喜欢上了这位教课认真、耐心细致的汪老师。在振宁的心目中，汪老师是一位了不起的人，他什么都懂，什么课都会教。振宁的各门功课都学得很好，特别是对数学和国文的兴趣更大。

但对小振宁来说，也有力不从心的时候，他最不喜欢上手工课，因为他的动手能力比较差。每当看到同学的手工受到老师的表扬时，他心里总有一种说不出的滋味。这一天又是手工课，汪老师给大家讲了用泥巴捏小动物的方法和要求，并做了示范。一堆烂泥经汪老师的手一捏，就变成了活灵活现的小动物，振宁感到十分新奇。该轮到学生自己动手了，振宁认认真真地捏了一只鸡，自我感觉还不错。放学后，他拿着自己捏成的鸡兴致勃勃地往家跑，没进家门就大声喊了起来："妈妈爸爸，你们看我捏的是什么？"满以为会受到夸奖，没想到父母看了后，笑着说："很好，很好！你捏的这段藕真是太像了！"

在这段时间里，振宁最高兴的事就是到海边去玩。他喜欢和小伙伴们光着脚在柔软的沙滩上跑来跑去,追逐浪花;他喜欢一个人静静地坐在海边,看着一艘艘轮船在波涛翻滚的海面上鸣着汽笛驶向远方;他还喜欢和伙伴们一块儿在沙滩上捡贝壳,不过他每次捡回的贝壳都是极小的,但非常精致,父亲说这是儿子的观察力不同于一般人的表现。

这一天,振宁跟着父母来到了风光秀丽的鼓浪屿。第一次到这个地方来,他觉得一切都很新奇,不停地跑来跑去,父亲怕他出什么意外,狠狠地把他吵了一顿。他马上安静了下来,但心中却老大地不高兴。父亲按下快门,把他这副不开心的样子拍了下来。30多年以后的1960年,父母要到日内瓦与振宁团聚了,振宁的弟弟翻出了这张照片要他们带去,父亲连连摆着手说:"不要带!不要带!那天我骂了振宁一顿,他很不高兴。"

1929年的秋天,父亲接到了清华大学的聘书,被聘为数学系教授。振宁依依不舍地告别了自己的小伙伴,告别了亲爱的汪老师,告别了大海,随父母搬到了北平(今北京),住在清华园的教职工宿舍里。

当时的中国社会动荡不安,内忧外患,灾难重重,但清华园的围墙似乎把这些都隔绝开来,校园里是另一番景象。在一个学习气氛浓厚的小环境中,振宁无忧无虑地生活着,学习着。

在这里,除了学习之外,一大群年纪相当的孩子呼朋引伴三五成群在校园里玩耍。校园里有一个很大的土坡,离土坡不远处有一条河,河上有一座用两片木板搭成的小桥,桥上没有栏杆,行人走在上面都有点胆战心惊,但这里却成了孩子们练习骑车的最佳场所。他们骑着自行车从对面土坡上冲下来,在小桥上疾驶而过,引得过路行人大声惊呼,他们却觉得十分过瘾,开心地放声大笑。多少年之后,上了年纪的杨振宁回想起当时的情景,还十分后怕。

清华大学生物系有成排的大金鱼缸,在每两行缸之间有一条用砖砌成的小沟,大约两寸深,六七寸宽。这些鱼缸要定期搬走去清理,每当这时,快乐的孩子们又把这里当成了练车场。他们进行沿沟骑车比赛,振宁的花样最多。当时振宁的弟弟振平只有4岁,他常常把弟弟放在他和车把手之间的小座位上,沿沟快速行驶,不懂事的弟弟高兴得直拍手。可是有一次出事了。这天,振宁带着弟弟刚骑上车,由于车速太快,失去控制,连车带人重重地摔了下来,弟弟的额头撞在了沟沿上,裂开了一个大口子,鲜血直流,振宁带着弟弟飞快地向医院跑去。包扎好后回到家里,振宁从家中找到了一种药,名叫"金钱素",他哄着弟弟说:"快吃下去就不疼了,这件事千万不要告诉爸爸妈妈!"弟弟顺从地点点头。可是父母回来后一盘问,弟弟和盘托出,结果是振宁挨了一顿骂。

除了骑车之外,振宁和同伴们一起经常在草坪上做游戏,在槐树上荡秋千,在院子里打乒乓、弹弹子、扔瓦片,观察大哥哥大姐姐们的学习生活。

这段宁静快乐的时光给振宁留下了美好的记忆。

几十年之后，杨振宁提起这段生活，还一往情深地回忆说："清华园的 8 年在我的回忆中是非常美丽、非常幸福的。""在我的记忆里头，清华园是很漂亮的，我跟我的小学同学们在园里到处游玩。几乎每一棵树我们都曾经爬过，每一棵草我们都曾经研究过。"

4. 动荡不安的中学时代

1933 年初秋，振宁进入位于北平西单绒线胡同的崇德中学学习。这是一所英国人开办的教会中学，教学质量很高。在这里，振宁接受了正规的中学基础教育。振宁聪明好学，读书对他来说，是件毫不费力的事。他的数、理、化成绩很好，国文和英语也学得很好，经常受到学校的表扬。

可是不久，这种平静的学习生活被日寇侵华的炮声打破了。

1931 年，深重的灾难降临到了中国人民的头上。日本帝国主义发动九一八事变，大举入侵东北三省，中国人民陷于水深火热之中。

1935 年，北平的抗日救亡运动一天比一天高涨。"我的家，在东北松花江上……""同胞们！团结起来，打回东北去，收复我国的失土!"悲壮的歌声、激烈的口号声在北平的上空回荡。祖国在沦丧!民众在流血!国破家亡的惨状,严酷的社会现实,给少年杨振宁以极大的震动,他开始思考许多问题。

1935年12月9日,北平6000多名爱国学生举行大游行,向当局示威,遭到了大批反动军警的残酷镇压。12月10日,崇德中学的学生参加了全市学生的总罢课。12月16日,全市1万多学生和市民再次走上街头,抗日救亡运动掀起了新的高潮。在中山公园举行的演讲会上,杨振宁代表崇德中学参加了演讲,演讲的题目是《中学生的责任》。他满怀激情,慷慨陈词,演讲不时地被一阵阵的掌声所打断。

1937年7月,杨振宁即将升入高中二年级。这是中国人民永世难忘的一个夏天,郊外卢沟桥畔传来了七七事变的枪炮声,日寇全面发动侵华战争,北平的局势更加紧张,清华园里已经放不下一张平静的书桌了,杨振宁一家又一次卷入"跑反"的队伍中。全家人乘火车,途经天津到了南京,再换乘轮船到芜湖,又换乘汽车日夜兼程回到了故乡合肥。他们住在合肥北油坊巷一幢住宅内,这是杨振宁的叔叔杨力磋替他们买下的。不久,振宁的小弟弟振复在这里出生了。

父亲考虑到振宁的学业,心中非常焦急,经过多方联系,1937年9月,振宁进入合肥大书院的庐州中学(原安徽省立六中)继续读书。可是开学不久,日本侵略军的飞机已飞到了合肥上空,不断地进行轰炸,庐州中学已不能维持正常的教学秩序,于是学校迁往90里外的三河镇。然而不久,这里的形势也紧张起来,庐州中学不得不停办了。

1937年12月,日本侵略军攻占南京,他们所到之处,烧杀淫掠,无恶不作,进行了震惊中外的血腥大屠杀。在短短的6周时间里,日军屠杀手无寸铁的中国居民和放下武器的士兵30万人以上。消息传到三河镇,人们更加惊恐不安。

这时,振宁的父亲远在长沙的一所大学里任教,那是一所由清华、北大、南开三所大学合并而成的临时大学。在这炮火连天的岁月里,全家人身处两地,振宁的母亲更放心不下的是丈夫,他独身在外,不知他那边的情况怎样。父亲在长沙,既为国难当头而忧心忡忡,又为全家人身处险境而惴惴不安。正如他的一位学生朱德祥先生所说:"老师在长沙,多次同我们讨论日本和德国法西斯政权侵略成性,中国摆脱帝制不久,国势不强,人民受教育水平低,在日本侵略者面前要吃大亏。""老师还担心师母带着五位幼小弟妹留在合肥,师母又是缠足,若有闪失,老师必将抱恨终生。老师日夜思念,几星期后,前额头发就一片斑白了。"

看到老师的情况,学生们都为他担心。有一天,几位学生来劝他赶快请假回合肥,把全家人接来长沙,但他却摇了摇头说:"临时大学刚成立,教学研究工作很紧张,我这时请假离开不太合适。"

1938年1月,临时大学决定迁往昆明,振宁的父亲才离开长沙回合肥。在与三河镇相邻的桃溪镇,全家人团聚了。他们匆匆收拾了行李,在这滴水成冰的隆冬季节,起程前往昆明。

他们从桃溪镇出发,辗转到了汉口。这时的汉口,已成了难民的集散地,难民所已容纳不下越来越多的难民。人们衣衫不整、污垢满脸在街上流浪、讨饭。这悲惨的场景给振宁留下了极其难忘的印象。

看到汉口的景象,全家人不敢在这里多停留,又开始了长途奔波。他们先乘火车到广州,又到香港,再坐船到越南,沿红河北上,越过老街到了中国云南的河口,乘火车,最后于1938年2月到达昆明。全家人的这一次远行,横跨中国几个省,穿越国界,全程约5000公里。全家人在这漫长的旅途中,历尽了艰辛,吃尽了苦头。

二

　　几排低矮的平房,东倒西歪地排列在那里,上为铁皮做成的顶棚,下是坑坑洼洼的地面;没有明亮的窗户,没有像样的桌椅。这就是西南联大的校舍——一个造就了大批饮誉中外的科学精英的地方。

　　后来成了著名物理学家的杨振宁曾多次深情地回忆说,他的根是在西南联大这片沃土中扎下的。

1.考入西南联大

　　1938 年 2 月,杨振宁全家来到了四季如春的昆明。这时的北方,依然是雪花飘飞的季节,但在这里,却是一派春意盎然的景象。

　　全家人刚刚安顿好住处,振宁就沉不住气了。他郑重其事地对父亲说:"爸爸,我要赶快上学,课程耽误得太多了。"父亲认真地打量了一下眼前的儿子,圆圆的脑袋,那种执着又稚气的神情把父亲也逗乐了,心想儿子确实是长大了。"好!我马上给你联系学校。"听了父亲这句话,振宁高兴地回屋里看书去了。

经过父亲多方奔走,振宁进入昆明昆华中学高二年级继续读书。

转眼间半年时间过去了。夏天里的一天,杨振宁忽然听人说,教育部最近宣布了一条规定,所有学生不需文凭,可按同等学力报考大学,振宁马上把这个消息告诉了父亲。父亲想了想说:"我同意你提前报考大学,凭你的学习成绩,一定会考上的!"得到父亲的鼓励和支持,振宁高兴极了,他一蹦三跳地向报名处跑去。

在报名处,他拿到了一份准考证,编码是"统昆字第0008",考位是第一考场8号,由此可以看出,他是第8个来报名的人。

不久,考试的结果出来了,在众多的考生当中,振宁的成绩名列第二。

这时,由清华、北大、南开合并而成的临时大学迁到昆明后,改名为西南联合大学,这是当时中国最大的教育中心。杨振宁接到了这所大学的录取通知书,成了西南联大的一名学生。

振宁报考大学时,报考的是化学系,他非常喜欢化学,常常被那些神奇的化学反应所吸引。没想到进入大学后,物理学对他又产生了巨大的魅力。

19世纪末至20世纪30年代，虽然只有短短的几十年时间，但人们对物质世界的新认识，超过了人类几千年认识的总和。新理论不断创立，新思想不断涌现，新发现层出不穷。当杨振宁跨入大学校门的时候，世界科坛正在为开创核能时代而进行着最富有开创性的工作，核裂变即将被发现。正是这些重大的科学成果，使杨振宁把目光和兴趣转向了物理学。经过慎重考虑，他正式向学校提出了请求，要求转入物理系学习。他的请求很快得到了批准。

　　这时的西南联大，条件是非常艰苦的。教室是一排排东倒西歪、低矮破旧的小平房。房顶是铁皮做的，地面是用土填的，坑坑洼洼，高低不平，窗户没有玻璃，只好用纸糊上。夏天，铁皮顶棚被火辣辣的太阳一烤，室内的气温比外面还高，热得人喘不过气来；冬天，寒风从窗缝、门缝里吹进来，把课本纸张吹得哗哗作响，教室里又成了冰窖。最令同学们难以忍受的是下雨天，一阵大雨过后，室外已是阳光灿烂，室内却叮咚之声不断，地面变得一片泥泞。同学们风趣地把这种教室称作"冬凉夏暖"。宿舍是一个个大房间，每个房间有20张双层床，40个人住在一起，拥挤不堪。

　　生活方面更是艰苦，不仅蔬菜供应不上，连主食也吃不饱，学生们一个个面黄肌瘦。开饭的时间到了，大家蜂拥着走进食堂，可是令人不解的是，一部分同学第一碗盛的饭很少，振宁一开始觉得奇怪,后来才明白这些同学是为了争取时间,赶快吃完第一碗好去盛第二碗,动作慢了就要饿肚子。

这里的教学设备也非常简陋。实验室的设备少得可怜,比较贵重的仪器每次用完,都要放到一个很大的空油桶里,再放到地下的防空洞内,为的是躲避敌机的轰炸。图书馆的藏书也很少,学校订的各种杂志往往需要一两年以后才能收到。学生使用的作业本都是用很粗糙的纸订成的,厚薄不匀,一写一个洞。

艰苦的条件,恶劣的环境,并没有难住西南联大的师生们,他们以顽强的毅力克服了一个又一个的困难,认真地工作着,学习着。杨振宁就是在这样的环境中,开始了对他一生都有着重要影响的大学生活。

2. 优秀的教师群体

在国难当头的年代,西南联大的物质条件是艰苦的,但师资力量却是国内一流的。这里人才济济,汇集了当时中国最著名的科学家和教育家。

国文课是大学一年级学生的必修课,不论什么专业,第一年都要开这门课。杨振宁在中学时,国文成绩就一直很好,现在更令他高兴的是,这里的国文课都由一些著名的教授来上,这些教授都在语言学和现代文学史上占有重要地位,如散文家、诗人朱自清,诗人、学者闻一多,语言学家罗常培、王力等。这些教授知识渊博,专业精深,并且每人只讲一两周课,讲授的都是他本人最精粹、最拿手的部分。振宁从这些国文大师那里学到了许多东西,他的国文知识更为深厚。

联大的校歌是一首《满江红》,词是哲学家冯友兰先生填的:

> 万里长征,辞却了五朝宫阙。
>
> 暂驻足,衡山湘水,又成离别。
>
> 绝徼移栽桢干质,九州遍洒黎元血。
>
> 尽笳吹,弦诵在山城,情弥切。
>
> 千秋耻,终当雪。
>
> 中兴业,须人杰。
>
> 便一成三户,壮怀难折。
>
> 多难殷忧新国运,动心忍性希前哲。
>
> 待驱除仇寇复神京,还燕碣。

振宁平时就爱读古诗词,祖国沦陷,人民流离失所的经历使他对这首校歌更加喜爱。每当一天紧张的学习结束后,他就独自一人在校园里漫步,这时,他会一遍又一遍地用深沉的音调唱上几句"中兴业,须人杰。便一成三户,壮怀难折"来抒发胸怀。

数学是理论物理学的重要工具。在西南联大，数学教师的阵容也是很强大的。这里，有像杨武之、姜立夫、江泽涵等中年数学家，也有一批像陈省身、华罗庚等著名青年数学家。陈省身教授是1937年从德国汉堡大学获得博士学位后归国的。华罗庚当时刚从英国剑桥大学留学回来，留学期间，他先后在英、苏、印、法、德等国的杂志上发表了18篇论文。振宁从他们那里，受到了很严格的数学基础训练，每次考试，成绩都名列前茅。

给他们上普通物理课的是赵忠尧教授，赵教授在物理学上曾做出过重要的贡献，他是擅长实验的物理学家。由于当时正是战争期间，许多物理实验都无法进行。为了给学生们创造实验条件，他和张文裕教授一起，带领学生冒着敌机轰炸、扫射的危险，到处收购废铜烂铁，想建一座小型加速器，但动荡的时局，恶劣的环境，使他们的这个打算成了泡影。在离开北平来昆明的路上，赵教授一直随身携带着50毫克镭，在西南联大，他就利用这50毫克镭，开展了人工放射性元素实验。他的这种敬业精神，给振宁留下了很深的印象。

杨振宁还跟张文裕教授学习了原子核物理学，张教授曾在英国剑桥大学学习。原子核物理学在当时是前沿学科，全国只有少数几所大学开设这门课。这门课使振宁比较全面地了解了这方面的知识，开阔了眼界。

大学二年级时，吴有训教授给他们上电磁学课，周培源教授给他们上力学课,振宁从他们那里,都获益匪浅。

在西南联大物理系,还有叶企孙教授、饶毓泰教授、王竹溪教授、霍秉权教授、朱物华教授、吴大猷教授、郑华炽教授、马仕俊教授、许贞阳教授等等,他们都是中国近代物理学界的风云人物,都在物理学领域做出过重要贡献。

正是这个优秀的教师群体,为中国培养了一大批知识精英,这些人后来大都成了国家的栋梁之材。对于后来成了物理学家的杨振宁来说,西南联大的学习生活是非常重要的,后来他曾深情地说,此生在物理学上的见识、眼界、胆略、鉴赏能力和基本态度,都是年轻时在中国获得的,是在西南联大这块沃土上扎下根的。"想起在中国的大学生活,对西南联大的良好学习空气的回忆总使我感动不已。联大的生活为我提供了学习和成长的机会⋯⋯"

3. 课外生活

1940年9月30日,空中传来了一阵轰鸣声,接着刺耳的警报声响了。"快跑啊,敌机来袭击昆明了!"联大的师生停止了工作和学习,蜂拥而出,到野外或防空洞去躲避。振宁全家也及时地躲到了防空洞里。

敌机飞走了,人们陆续回到学校。振宁全家来到自己的家门口,大家被眼前的场景惊呆了:租赁的房屋被炸弹炸得面目全非,少得可怜的家当几乎化为灰烬。父亲脸色铁青,半天没有说出一句话。母亲在暗暗地垂泪。父亲安慰母亲说:"留得青山在,不怕无柴烧,只要全家平安就好。"

最令父亲和振宁心痛的是自己的书籍,这对他们来说是最大的损失。振宁从别处找来一把铁锹,从断壁残垣中挖出了几本破烂不堪的书。

为了躲避日本飞机的轰炸,振宁全家和许多联大的教授一样,离了昆明城,到农村租农民的房子住。他们全家搬到了昆明西北郊的龙院村,开始了更为艰难的生活。

这里是穷乡僻壤,一切现代化的东西在这里是见不到的。没有铁路、公路,没有邮局、电话,没有自来水,连照明的电灯都没有。白天,可以看见蛇在屋梁上爬行,夜深时还能听到阵阵狼嗥。

刚搬到这里时,振宁和弟弟们都很不习惯,经常问父母:"咱们什么时候才能搬回去呢?"

这里物价飞涨,物资奇缺,靠父亲一个人的工资很难维持全家人的生活。"教授教授,越教越瘦"就是他们生活的写照。当时流传这样一个笑话,一天,一位教授在街上走,后面跟了一个要饭的,一直跟了一条街,教授身上实在没有钱,不得不转回头说:"我是教授!"要饭的一听便走开了,因为连乞丐也知道,教授们的身上是没有钱的。

从联大到龙院村，有十几公里的路程，父亲只能每周回来一次。

这天是星期六，是父亲回家的日子，母亲早早地做好了饭等全家到齐后一块儿吃。可是等啊等啊，一直不见父亲的影子，全家人都为父亲捏了一把汗。母亲更是坐卧不安，不停地到门口去观望。门外一片漆黑，又淅淅沥沥地下起了小雨，偶尔传来几声狗叫声，更增加了夜的恐怖。

不知过了多久，传来了一阵敲门声。"啊，爸爸回来了！"振宁飞快地跑去开门。等他迫不及待地打开屋门时，不禁愣住了，父亲浑身是泥，多处受伤，原来由于天黑路滑，父亲走在崎岖而泥泞的堤埂上，滑到了埂下的水沟里，费了好大劲儿才爬起来，车也摔坏了。看到父亲这样，大家心中都是阵阵酸楚。

当时除振宁外，几个弟妹都很小，最大的才有 12 岁，正是长身体长知识的时候，可是龙院村没有学校可上，父亲心中十分着急。后来，他就常从联大图书馆借画报和其他书籍回来给孩子们看，如《伦敦新闻画报》《世界数学名人传》等，还经常给孩子们介绍自己在美国读书的经历，鼓励孩子们要好好读书。

振宁家的墙上挂着一块小黑板，父亲常常和振宁在黑板上讨论数学问题，黑板上总是画满许多几何图形和一些奇奇怪怪的符号。一次，当他们讨论得正热烈的时候，小弟弟慌忙跑过来,仰着脸问哥哥:"香蕉在哪里? 我要吃香蕉!"原来弟弟把他们提到的"相交"(几何名词)当成"香蕉"了,惹得父亲和振宁都大笑起来。

这块小黑板,还是父亲对孩子们进行家庭教学的工具。他在黑板上教孩子们语文、英语、几何、代数等,还教他们念《古文观止》,讲历史名人岳飞、文天祥等,使孩子们在没有学上的情况下得到了良好的教育。

弟弟们最盼望的是周末。每逢周末,振宁从学校回来了,联大的一群孩子就来到振宁家,听他讲上周末没有讲完的故事。振宁在学校读了英文书籍如《悲惨世界》《罗娜东》《最后的摩西根人》等,就翻译出来讲给这帮孩子听,他们一个个听得入了迷。可是,振宁讲故事有个特点,是自己看书看到哪儿就讲到哪儿,不管小听众们听得是否完整,往往是一本书没有讲完,又开始讲下一本了,把原来的后半段故事悬在那儿,这对于喜欢刨根问底的孩子们来说怎么能受得了! 为此,孩子们经常向他提出抗议。

对于联大的一群孩子来说,周末还有一件最开心的事儿,那就是到振宁家看"电影"。熊秉明是振宁小时候的好朋友,很有艺术才华,他们两个人合作自制了一种土电影。秉明画了许多很有意思的连环画,振宁在饼干筒的圆口上装一个放大镜,筒里装一只灯泡,当连环画在放大镜前慢慢通过时,墙上就有了会移动的人物。对于这些难得有机会看电影的孩子来说，看这样的土电影就是最大的享受。他们最感兴趣的一个片子是"身在家中坐，祸从天上来"，内容是日本飞机在狂轰滥炸，被炸的人家破人亡。

振宁的兴趣很广泛。他喜欢下军棋、国际象棋、跳棋和日本"将棋"，喜欢玩桥牌。此外，他还很喜欢唱歌，不论是在校园里走路，还是在家里做功课，总会大声地唱歌。弟弟妹妹们听他唱得多了，也全学会了，比如："燕，燕，燕，别来又一年，飞来飞去……"还有一首名为《中国男儿》的歌："中国男儿，中国男儿，要将只手撑天空……"连父亲都受了他的影响，也经常哼这两首歌。可惜他唱歌的才能并不被同学们所承认，有一次，振宁的朋友问另一位同学："你认不认识杨振宁？"那个同学愣了一下："杨振宁？杨振宁？哦，是不是歌唱得很难听的那个人？"

4. 学士论文

杨振宁对每一位教过他的老师，都怀有一份深深的敬意。他曾多次说过："在联大给我影响最深的两位教授是吴大猷先生和王竹溪先生。"

杨振宁的学士论文是在吴大猷教授指导下完成的。

吴大猷教授，祖籍广东，长得浓眉大眼，和蔼慈祥。他早年毕业于南开大学,后到美国留学,取得物理博士学位后回国,当时只有 30 多岁。

1941 年,吴教授主讲西南联大物理系四年级的古典力学和量子力学两门课,他非常喜欢杨振宁这个班的学生,后来他曾回忆说,这些学生在一起真是一个"群英会",给他们上课是做教师的最快乐的事。他还说:"除了我比他们多知先知一点以外,他们的能力是比我高的。"

1941 年的秋天,吴教授讲的课即将结束,而这个班的学生也面临毕业,按照惯例,每个学生都要写一篇毕业论文。有一天,吴教授临下课前在黑板上写下了十几个题目:"这些题目可供你们作参考,每个学生任选一题,作一篇论文,有什么问题可来找我。"

几天之后,吴教授正在看书,传来了砰砰的敲门声,原来是杨振宁到吴教授宿舍来登门求教了。"吴教授,我对'用群论方法分析多原子的振动'这个问题很感兴趣,想请你做我的论文导师,并请你给介绍一些参考资料。"

杨振宁选这个题目来作学士论文,其中一个重要原因是他对群论很感兴趣。"群"是近代代数学中的一个基本概念。所有不等于零的实数由普通乘法构成的关系就是一个群。群论是系统地研究群的性质和应用的一门学科。从 19 世纪初期开始,群论获得了巨大发展,并逐步成为研究数学许多分科和近代物理学的重要工具。杨振宁的父亲就是专门研究群论的数学家，在清华大学时，他就为研究生开过群论课。振宁在中学时期已从父亲那里接触到了初级群论，父亲书架上那一本有关群论的书，不知被振宁翻看过多少遍了，他常被书中那些美丽的插图所迷住。所以，当他看到吴教授开列的题目时，就下决心要选这个题目。

吴教授非常愉快地答应了振宁的请求，这除了吴教授发自内心地喜欢这个学生外，还因为这个题目正是他自己很擅长的领域。他长期从事原子、分子理论及实验（光谱）工作，还写有这方面的专著。吴教授随手从书架上取出了一本杂志，指着其中的一篇说："你先看看这个吧，有什么想法再来找我。"这篇文章讨论的是分子光谱学和群论的关系。

杨振宁兴致勃勃地把吴教授推荐的文章拿回家给父亲看，父亲看到儿子现在已开始研究群论，感到非常高兴，马上拿出了自己珍藏多年的一本书递给振宁，说："这本书是我在芝加哥大学的老师狄克逊写的，它对你研究群论会有帮助的。"

这本书名叫《近代代数理论》，振宁接过书回到房间就认真地读起来。这本书写得非常好，很精练，用短短的 20 页就把群论的"表示理论"非常透彻地讲清楚了。振宁更感到了群论的美妙无比。

对于群论的深入研究，对杨振宁以后的工作及成就，产生了决定性的影响。

就这样,慧眼识英才的物理学专家吴大猷,把杨振宁带到了物理学的一个新领域。杨振宁后来经常说:"我对对称原理发生兴趣,实起源于那年吴先生的引导。"所以,1957 年当他得知自己和李政道同获诺贝尔物理学奖时,第一个想到的是吴教授,他立即提笔,给吴教授写了一封信,感谢吴先生引导自己进入了对称原理和群论的领域,并深情地写道,对老师的感谢"今天显然是一个最恰当的时刻"。

5. 对统计物理发生兴趣

1942 年夏天,杨振宁从西南联大毕业了,取得了理学学士学位,接着,又进入西南联大研究生院继续学习。在以后的两年时间里,杨振宁在王竹溪教授的教育和引导下,对统计物理发生了浓厚的兴趣。

1938 年秋天,杨振宁刚刚跨入联大校门不久,便发现学校新来了一位最年轻的教授,后来他才知道,这位年轻教授名叫王竹溪。王竹溪是在英国剑桥大学取得博士学位后回国的。当时,祖国的大好河山正处在日本帝国主义的铁蹄之下,有不少老师、朋友劝他留在欧洲,那里的条件比国内要优越得多,但他却谢绝了人们的挽留,毅然回到了炮火纷飞的祖国,来到了条件极差的西南联大,和大家一块儿过着艰难困苦的生活。

杨振宁进入研究生院后,有幸成了王教授的研究生。

王竹溪教授教过许许多多的学生,桃李满天下,凡是他教过的学生,都有这样一条共同的经验:谁要想学习理论物理,一个最直接的方法就是借阅王先生的笔记。王教授在西南联大教过好几门课程,他每涉猎一个新的领域,就要整理成一本很厚并且很工整的笔记,他的几本著作,都是根据笔记加工完成的。王教授的笔记,成了他的学生的"必读之物"。

杨振宁像其他同学一样,经常找王教授请教问题,并借他的笔记来阅读。就这样,振宁像块吸水的海绵,从王教授的笔记中吸取了丰富的营养,走进了一个新的领域。

开始准备硕士论文了,杨振宁向王竹溪教授谈了自己的想法。在王教授的热情鼓励和耐心指导下,他很顺利地完成了他的硕士论文,这篇论文是关于统计力学的。杨振宁以后几十年的研究,主要集中在"对称性"和"统计力学"这两个方面,并取得了辉煌的成就,而引导他入门的,正是吴大猷和王竹溪两位教授。

对于王竹溪教授对自己的教导,杨振宁是时刻铭记在心的。新中国成立后,王竹溪教授担任了清华大学物理系主任,后又担任北京大学副校长。1983 年初,73 岁的王竹溪教授因病逝世,杨振宁当时正在香港讲学,得到老师去世的噩耗,悲痛万分,立即给王教授家人发了唁电：“竹溪师生平勤实诚正，是朋友和学生都十分敬佩的。他造就了许多科技人才。我对统计物理的兴趣即是受了竹溪师的影响。”接着，他又专程从香港飞到北京，探望、安慰师母，表达了他对老师的尊敬和感激之情。

6. 离开祖国

在岁月流逝中，振宁长成了一个英俊的小伙子。他目光闪亮，双唇棱角分明，显得刚强而自信。和刚来昆明时相比，振宁确实是长大了。

1943 年，一个好消息令振宁兴奋不已，清华大学成立了第六届考选留美公费生考试委员会，准备招考留美学生。可是名额很少，物理方面只有一个。杨振宁毫不犹豫地报了名，他相信自己的实力。

1944 年夏天，考选留美公费生名单揭晓，杨振宁榜上有名。当通知书送到家里的时候，全家人都为振宁感到高兴。弟弟妹妹围在哥哥的身旁，高兴得手舞足蹈：“哥哥要出国了！哥哥要去留洋了！”父亲慈祥地看着儿子，语重心长地说：“振宁，好好学吧！今后的路还长着呢！”振宁重重地点了点头。

接着，振宁又收到了考试委员会下发的规定：“凡录取各生应在原机关服务留待后信。”这样，振宁于 1944 年秋天到联大附中当了一名临时教师。

在联大附中,振宁教高一和高二两个班的课,教的是《范氏大代数》。

高二班有一位文静秀气的女生,名叫杜致礼,是国民党高级将领杜聿明的女儿。聪颖漂亮、勤奋好学的杜致礼给杨振宁留下了深刻的印象。当时,谁也没想到后来两人会在异国他乡结成夫妻。

日子过得飞快,转眼间一年的时间过去了,考取的留美学生开始办理出国手续。在美国驻昆明领事馆,振宁领到了一张办理护照的表,上面要求填自己的出生年月,并且要求填公历。振宁只知道自己是 1922 年农历八月十一日生,至于公历是哪一天,他根本不知道。他想了想,就在这一栏内填上了"9 月 22 日",从此以后,他一直把 9 月 22 日作为自己的生日。后来他查阅了万历全书,才知道自己的确切生日应该是 1922 年 10 月 1 日,这样,杨振宁就有了三个生日:农历八月十一日,公历 9 月 22 日、10 月 1 日。直到现在,他的孩子们也搞不清父亲的生日到底是哪一天。

出国的日子一天天迫近了,振宁心中既激动又不安,激动的是,他将沿着父亲曾经走过的求学之路,去圆自己物理学家的梦;不安的是,自己将要到一个完全陌生的地方去,将要离开祖国、离开亲人。

离别的时刻终于来到了。1945年夏天，振宁告别父母、弟妹，告别敬爱的老师，告别正战火纷飞的祖国，踏上了征途。

一架从昆明起飞的普通民航班机，在飞越了世界屋脊之后，徐徐降落在印度的加尔各答机场。杨振宁一行二十几名中国学生走下飞机，在市区挑了一家最便宜的旅馆住了下来。因为当时中国和美国之间还没有商船和航线，所以他们需要在这里候船。

他们在焦躁不安中度过了两个多月，终于等到了美国斯图尔特号上的船位。这种船叫"自由船"，是用来运送从中、印、缅地区回国的美国兵的。船上还留有一二百个床位，其他乘客可以乘坐，杨振宁这些留美学生，终于坐上了这艘船。

船上的条件很差。他们住在船的最底层，睡的床共有4层，每层只有2尺高，在床上就不能坐起来。周围都是美国人，这些美国人看见进来了一些年轻的中国学生，嘴里叽里咕噜地说了许多话，杨振宁他们虽然学过英语，但大家你看看我，我看看你，都不太明白那些话是什么意思，不过，那些话杨振宁牢牢地记在了心里。直到60年代美国发生了"讲脏话"运动，他才懂得了当年那些美国兵讲的是些什么！

轮船鸣着汽笛，喷着黑色的烟柱，起航了。

杨振宁来到了船舱外，迎着海风，凭栏远眺，看着无边无际、波涛翻滚的大海，他的思绪也如大海的波浪在奔腾。他想到了贫穷落后、灾难深重的祖国,他在心中默默地说:到美国后我一定要好好地学习,将来为祖国的繁荣富强尽力!

　　夜已很深了,船舱内一片鼾声。振宁躺在床板上怎么也睡不着,一种对亲人的留恋和思念之情袭上心头。是啊,他长这么大,还是第一次离开家庭,离开亲人,此刻他多么想和他们在一起啊!

三

电子仪表出现了故障,杨振宁打开线路图,想检查一下毛病出在哪里。"杨,你真笨!"一位同学不耐烦地走过来,在电子仪表的连接部位上猛踢两脚,仪表又很快转动起来。他对这位同学的两脚佩服得五体投地。

由于他的动手能力较差,所以大家经常开玩笑地说:"凡是有爆炸的地方一定有杨振宁。"

1. 寻找费米

经过一个多月的海上颠簸,终于望见了前方的陆地,船上的人们不禁欢呼起来。杨振宁随着人流挤出船舱,登上了甲板。啊!到了,自由女神正高举火炬,欢迎来自远方的客人。

杨振宁在纽约登岸后,顾不上观赏异国风光,他花费了两天时间买了大衣、西服和其他一些生活必需品,然后按照自己早已想好的方案,开始行动。

在西南联大读书的时候，杨振宁最佩服的有三个人，他们是：创立相对论的爱因斯坦、量子力学创始人之一狄拉克和主持世界第一个原子反应堆的物理学家费米。年轻的杨振宁把他们作为自己崇拜的偶像是有道理的。这三位 20 世纪的大物理学家虽然国籍不同，风格各异，但他们有一个共同点，那就是都能在非常复杂的物理现象中提出精髓，然后把这些精髓通过深入浅出的办法，用非常美妙的数学方式表示出来。他们的文章往往是单刀直入，切中要害，从来没有多余的话语。杨振宁多么想得到这三位大物理学家的指导啊！可是，爱因斯坦年纪大了，即将退休，狄拉克是英国物理学家，不收研究生，所以，杨振宁远涉重洋到美国来的最大愿望就是能在费米的指导下学习物理。

　　费米曾是 1938 年的诺贝尔物理学奖获得者，他不但在基本物理上有重大建树，而且主持建造了世界上第一个原子反应堆。由于费米参加了战时的工作，所以他的行踪非常保密。杨振宁在国内时就听说费米"失踪了"，但他仍不死心，他想，费米"失踪"之前是哥伦比亚大学的教授，现在战争已经结束，他可能已经回来了，于是振宁满怀希望地直奔哥伦比亚大学。

　　他兴冲冲地来到了哥伦比亚大学八楼的物理系办公室。"请问，费米教授什么时候讲课？"刚进门，他就迫不及待地问办公室的秘书。

　　"什么费米，对不起，我们从来没有听说过这个名字。"秘书抬头望了一下这位满头是汗的陌生青年,若无其事地说。

原来此时费米正在墨西哥的一个峡谷中试验原子弹,这在当时来说是个军事秘密,不能随便泄露出去。没有办法,杨振宁只好怀着失望的心情到普林斯顿去,因为普林斯顿大学有一个专门研究对称问题的教授,而对称问题正是杨振宁很感兴趣的问题,他想跟着这位教授研究对称问题。

没有想到,在普林斯顿大学,杨振宁又扑了个空,这位教授下一年度休假,不开课!

来美国留学,是杨振宁梦寐以求的事,但由于找不到费米,他终日闷闷不乐。

一天,在普林斯顿大学的校园里,杨振宁意外地遇见了过去曾在西南联大执教的张文裕教授。"张教授,您好!""振宁,你怎么在这儿?"师生在异国相逢,非常高兴。张教授是1944年春天从西南联大来到美国的,现在普林斯顿大学当客座教授。

杨振宁将自己的心事告诉了张教授,张教授听后笑了,并悄悄地告诉振宁:"听说费米不久要到芝加哥大学主持一项研究,并且要在那里任教,你可以到那里去找他。"

踏破铁鞋无觅处,得来全不费工夫。这个突如其来的喜讯使杨振宁高兴得跳了起来。告别了张教授,杨振宁马上开始办理去芝加哥大学的手续。

2.和费米教授在一起

1946年1月,杨振宁成了芝加哥大学物理系的一名研究生。

按照习惯,中国人来到美国后,为了便于称呼,都要起一个外文名字。给自己起一个什么名字呢?杨振宁开始了认真的考虑。从中学时代起,杨振宁就读了不少中外名人传记,其中他最崇拜的名人是富兰克林。富兰克林是一位伟大的自然科学家,他的人格魅力和在科学上的成就给杨振宁留下了深刻的印象。杨振宁经过认真的考虑,给自己起名叫"Franklin"(富兰克林)或是"Frank"(富兰克)。Franklin表示对富兰克林的崇拜,希望自己能像富兰克林那样,成为一个对人类有贡献的科学家;Frank既在语音上与Franklin接近,而且在英语词典里是"诚实"的意思,表明了杨振宁要以诚实的态度去学习知识、研究问题的决心。从此,这个响亮的名字就在芝加哥大学的研究生中叫开了,直到现在,在物理学界仍有人叫他Frank。

芝加哥大学创办于1892年,这是一所以教学和研究并重而闻名于世的大学,它吸引了世界许多国家的学者和留学生。而这所大学物理系的研究生特别多,其中有不少人是慕费米的名而来的。

在这里，杨振宁一直在打听费米的情况，可是没有人能告诉他。直到有一天，他终于见到了敬仰已久的费米教授。

费米是 20 世纪的一位著名物理学家，他有很多特点。一般的物理学家，或者是侧重于实验方面，或者是侧重于理论方面，而费米却是一个既做理论又做实验，而且在两个方面都有突出成就的大物理学家。人们称他为"双脚落地的物理学家"。

作为一个有成就的物理学家，费米有自己独特的风格，那就是善于抓住物理现象的本质。

早在 20 年代，人们开始研究量子电动力学，大家公认狄拉克是量子电动力学的创始人。狄拉克的文章发表以后，泡利和海森伯对这个课题很感兴趣，他们把这种场论又大大地向前发展了。可是，他们所写的文章，因为太形式化了，人们读起来非常难懂，不知所云。那时，费米在意大利，他看到了狄拉克的文章，也看到了泡利和海森伯的文章，他对这些都不太满意。费米也研究了这个问题，1930 年用意大利文写了一篇文章，在 1932 年的《现代物理评论》上用英文发表了。这篇文章直截了当、非常具体地奠定了量子电动力学的基础。在这之前，不管狄拉克、泡利、海森伯写了多少篇文章，他们所做的工作都偏于形式化，所得的结果不具体、不清楚，经过费米的工作，这个问题就变得非常具体、清楚了。当时就有人说，在费米的文章出来以前，没有人懂得电动力学，算来算去都是一些形式化的东西，对于具体的内容并没有理解，费米的文章出来以后，才使人们真正地懂了。这正是费米独特的地方，任何复杂的问题，经过费米的处理，就会变得简单明了，使人觉得中学生都可以明白。

费米的这种风格，不仅表现在研究方面，而且也表现在讲课方面。他除了讲授普通的课以外，还开了一门特别的课，讲授一些精心选出来的题目。他讲课明白易懂，推理简洁明快，解决问题单刀直入，击中要害，使学生一下子就抓住了要点。他对形式主义的东西深恶痛绝，他常常开玩笑地说："复杂的形式主义留给'主教们'去搞吧！"

除了上课以外，费米每周要花费一两个晚上的时间，对几个研究生作讲演。这种讲演很特殊，事先不准备，当大家都聚集在他的办公室里时，由学生提出问题，他就查阅自己的笔记，然后给大家讲解。杨振宁至今还保存着他听费米讲演时所做的笔记。

除了正式和非正式的课程以外，研究生们最开心的是吃午饭的时间。每天中午，开饭的时间到了，大家不约而同地围在费米教授的身旁，一边津津有味地吃着饭，一边提出各种各样的问题，让费米教授来解答。他往往寥寥数语就把问题阐述清楚了。

费米这种独特的风格，这种对科学的挚爱和激情，都对杨振宁以后的工作产生了重要的影响。

在众多的研究生中，费米也非常喜欢来自中国的学生杨振宁。

1949年春天，费米正在讲授核物理课，因为有急事要离开芝加哥，他把杨振宁叫到了办公室："杨先生，请你代我讲几节课好吗？"看到杨振宁有点犹豫，他又补充说："我相信你的能力！"并随即交给杨振宁一个笔记本。笔记本上写满了费米上课要讲的内容，甚至每一节课的所有细节都写得清清楚楚。临走前，费米又和杨振宁一块儿把全部内容讨论了一遍，把每一个推理过程都解释得非常清楚。这些使杨振宁深受感动。

1949年夏天，费米与杨振宁共同写了一篇文章《介子是基本粒子吗？》。当时，杨振宁认为这篇文章提出的问题不一定符合现实，不打算发表，但费米却说："学生的任务是解决问题，研究人员的任务是提出问题，我们提出的问题是有发表价值的。"于是，杨振宁与他最崇拜的物理大师费米合写的这篇文章就这样发表了。

杨振宁对费米一直都怀着深深的敬意。1954年秋天，费米病危。得知这一消息，杨振宁立即放下手头的工作，赶到医院探望。

杨振宁手捧鲜花走进病房时，看见费米正在读一本描写凭着坚强意志战胜厄运和巨大自然障碍的真实故事集。他已被疾病折磨得不成样子，但他却很镇静地告诉杨振宁自己的病情："医生说我几天之后就可回家，但没有几个月可以活了。这是我关于核物理的笔记,我计划出院后利用最后的两个月时间把它修改出版。"

杨振宁被费米这种坚毅的精神和对物理学的热诚所感动,不禁泪流满面。

3. 脚踢加速器

杨振宁在没有到芝加哥大学念书的时候,已经感觉到,自己从小学到中学,以至大学和研究生院,由于条件限制,对实验接触得太少,因此动手能力比较差,实验技巧掌握得不好,当时暗下决心,到芝加哥大学以后一定要写一篇实验论文,以此来弥补自己的不足。他认为物理学是一门实验科学,实验是理论的源泉。于是,他找到费米,希望在他的指导下写一篇实验论文。

"对不起,杨先生。"费米不无遗憾地这样说。因为当时费米还在忙于战时的工作,他还要去位于芝加哥市西南部的阿贡国家实验室工作,而杨振宁是一个刚到美国的外国人,按规定是不能进入国家实验室的。

"杨先生,这样吧,我想把你介绍给艾里逊教授,你可以到他的实验室去工作一段时间。"看到杨振宁失望的神情,费米补充说。杨振宁愉快地答应了。

不久,杨振宁来到了艾里逊实验室。艾里逊是芝加哥大学物理系的一名教授，他带了五六个研究生，正在装配一套 40 万电子伏特的加速器。这是一项既动脑又动手的实验，难度很大。最令人头痛的是一些电子仪表经常出现故障，影响工作的进展。

有一天，仪表又不转了，杨振宁小心翼翼地打开线路图，想计算一下毛病究竟出在哪里。"杨，你真笨！"一位名叫威尔科克斯的同学看见他算了好几张纸，便不耐烦地走过来。只见威尔科克斯左看看，右瞧瞧，然后对准连接部位猛踢两脚，神奇得很，仪表很快转动起来。杨振宁对这位同学的两脚佩服得五体投地。以后再遇到这种情况，杨振宁便学着那位同学的样子去踢，但不管他怎么踢，仪表的指针还是一动不动。

还有一件事，也使杨振宁大伤脑筋。正在建造的那座加速器经常稀奇古怪地漏气。它好像有一种怪脾气，只有夜幕降临时才能正常工作。杨振宁发现，实验室里有些同学具有一种神秘莫测的第六知觉，他们知道在什么地方可以找到漏气洞。有一次，又出现了漏气情况，杨振宁仔仔细细地把十来米的管子从这头找到那头，找了几个来回也没有找到漏洞，急得满头大汗。"杨，你过来，看我的！"一个叫阿诺的同学走过来，只用了两分钟就解决了问题，杨振宁惊愕不已。

实验室的同学与杨振宁相处得很好，因为杨振宁虽然在动手能力方面不如他们，但在理论方面却比他们强，经常在这方面帮助他们。那个只用了两分钟就找到了漏洞的阿诺，在理论方面就常常得到杨振宁的指点。

杨振宁在艾里逊实验室工作的一年时间里,发现自己的动手能力确实很差,工作很不顺利。但这一段实验经历对他产生了重要的影响,正如他在《读书教学四十年》一文中所描述的:

> 在他的实验室的 18 至 20 个月的经验,对于我后来的工作有很好的影响。因为通过了这经验,我领略了做实验的人在做些什么事情,他们考虑一些什么事情。换言之,我领略了他们的价值观。另外对我有重要作用的是,我发现我的动手能力是不行的。那时我们的实验室有个笑话,就是"凡是有爆炸的地方一定有杨振宁"。

4. 博士论文

费米一边把杨振宁介绍到艾里逊实验室去做实验,同时,他建议杨振宁可以跟泰勒做些理论研究。听到"泰勒"这个名字,杨振宁一惊。

"泰勒?那不是被称为'氢弹之父'的大物理学家吗?"费米肯定地点点头。

战争期间,泰勒在奥本海默主持的实验室里参与了原子弹的研制工作。在那里,他的独立想法太多了,每天都有层出不穷的新主意,奥本海默认为他的这些主意会影响周围的其他人,使他们不能把精力集中到一个方向去,于是就想出了一个办法:"泰勒,我现在请你主持一个组,专门去研究氢弹。"那时原子弹还没有造出来,让泰勒去研究氢弹,他当然非常高兴,就愉快地答应了。后来,泰勒和另外一个人成了最早发现制造氢弹原理的人。

第二次世界大战结束后,泰勒也来到了芝加哥大学。所以杨振宁听到"泰勒"这个名字时,有点如雷贯耳的感觉。

不久,杨振宁兴冲冲地去找泰勒教授。

"先生,请等一下,没有教授的允许任何人不能进去。"泰勒办公室门口的卫兵拦住了杨振宁的去路。他只好在门口给泰勒打了个电话。

"哦,是杨先生,费米跟我讲过了,你等等,我马上就来。"

刚放下电话,杨振宁就听到了噔噔噔的声音,是泰勒从楼上下来了。泰勒年轻时有一只脚不幸被电车轧伤了,所以走起路来一歪一歪的。杨振宁赶快走上前去扶住他。

"我们先散散步吧。"于是,两个人一边走一边交谈起来。

"杨先生,我想问你一个问题,氢原子基态的波函数是什么?"这个问题对于杨振宁来说简直是太容易了,他马上答了出来。

"好了,你通过了,我接收你做我的研究生!"泰勒教授高兴地说。因为有许多学习很好的人，不能回答这个问题。在泰勒看来，能够回答这个问题的人，才是可以造就的。就这样，杨振宁成了泰勒的博士研究生。

许多伟大的科学家都有自己与众不同的风格，这种风格在人们还不理解的时候，会感到十分可笑。泰勒教授就是这样。

泰勒上课前从来不做准备。铃声响了，他随便夹上一本书或几张纸，迈着大步跨进教室。他一走上讲台，不管三七二十一，拿起粉笔在黑板上就演算起来，然而不到 10 分钟，他的演算总会出错。他发现错误以后，胡乱地改了改，接着又埋头做下去，好像这个世界上只有他一个人存在似的。刚开始，杨振宁对这些感到很不习惯，但他很快便发现这位经常出错的老师，确有惊人的独到之处。

泰勒思想十分活跃，见解很多，而且刚想到一个主意就愿意和别人讨论，结果他的见解往往是不对的。按照中国的传统，对某个问题没有十分的把握，就不会乱讲，否则别人就会对你产生不好的印象。泰勒却不是这样，他不怕丢面子，只要有人指出他的错误，他就立刻接受，马上向正确的方向走。杨振宁对导师的这一个性，非常赞赏，他认为，泰勒在学术上有那么多的思想和见解，纵然有 90% 是错的，只要能有 10% 是正确的，就是非常了不起的。

他从泰勒的身上，学到了很多的知识和方法。

杨振宁在艾里逊实验室那段时间里,和泰勒教授保持着密切的联系。

　　正当杨振宁在艾里逊实验室为自己的实验难以成功而发愁时,泰勒教授笑眯眯地走了进来,关切地询问他在这里工作的情况。

　　"你做的实验是不是不大成功?"

　　杨振宁难过地点点头。

　　"我认为,你不必坚持一定要写一篇实验论文,你已写了一篇理论论文,那么就用一篇理论论文作毕业论文吧。我可以做你的导师!"泰勒直截了当地说。

　　杨振宁听了泰勒的话,半天没有开口。一方面他觉得很失望,因为他是下决心要写一篇实验论文的;另一方面,他确实感到自己在实验方面缺乏能力,写理论论文会写得更好些。对于泰勒的建议,他内心矛盾重重,一时拿不定主意:"谢谢您的关心,不过我需要认真地想一想,回来我再告诉您!"

　　杨振宁认真地考虑了两天,觉得还是应该正视自己的长处和短处,最后决定接受泰勒的建议,放弃写实验论文的打算。

　　做出了这个决定之后,他如释重负地长长地舒了一口气,接着一心一意地转向了理论物理的研究。他在《读书教学四十年》一文中这样写道:

这是我今天不是一个实验物理学家的道理。有的朋友说这恐怕是实验物理学的幸运。

1948 年的夏天,杨振宁在泰勒教授的指导下,完成了《核反应》的博士论文并获得了博士学位。

四

提起杨振宁,人们都知道他是诺贝尔奖的获得者,但是,现在的物理学界却普遍认为,他的最高成就并不是获得诺贝尔奖的宇称不守恒,而是杨-米耳斯场理论。不少科学家认为他的这项成果也应该登上诺贝尔奖坛。

1. 来到普林斯顿

杨振宁以优异的成绩取得了博士学位后,留在了芝加哥大学物理系当教员。

1949 年春天,一则消息在芝加哥大学传开了:"奥本海默要来芝大演讲了!"这消息引起了杨振宁的极大兴趣。

奥本海默是一位了不起的物理学家,在美国社会中十分有名,因为他在理论物理上造诣很高,并且主持了战时制造原子弹的工作,所以被称为美国的"原子弹之父"。从 1947 年起,奥本海默担任了普林斯顿高等学术研究所的所长。普林斯顿高等学术研究所被人们称为"象牙之塔"，那里理论物理学人才济济，是杨振宁早就向往的地方。听了奥本海默的精彩演讲，杨振宁更坚定了要到普林斯顿去做理论研究的决心。

杨振宁找到了费米和泰勒，说出了自己的想法，两位教授马上就同意了，并高兴地给他写了推荐信。信发出不久，就收到了奥本海默的回信："同意接收！"

要离开芝加哥大学了，杨振宁去向自己的老师告别。费米认真地对杨振宁说，那里是一个很好的地方，不过不宜久居，因为里面研究的方向太理论化，容易变成形式主义，容易与实际的物理问题相脱离，"有点像中古的修道院"，是培养"传教士"的地方。

听了费米的话，杨振宁点了点头，并表示说："我只去一年，然后就回到芝加哥来。"他从内心深处感谢老师对自己的关心，并把老师的话记在了心里。

1949 年的秋天来临了，在这个秋风送爽、果树飘香的季节，杨振宁来到了普林斯顿。

普林斯顿是个风景优美的小城镇，只有几千人口，却因为拥有一所高等学术研究所而闻名。普林斯顿高等学术研究所是30 年代初期一位美国慈善家创办的，这位创办者要聘请世界上最有名望的科学家来从事研究工作，所以，这是个学者云集的地方,聚集了当时一些著名的学者,研究气氛非常浓厚。

更令杨振宁振奋的是,当代最伟大的物理学家、科学巨匠爱因斯坦就在这里工作。人们公认爱因斯坦和牛顿是历史上两位最伟大的物理学家,也有人说,爱因斯坦比牛顿更伟大。

遗憾的是,当杨振宁到这里时,爱因斯坦 70 岁了,已经退休,不过他每天早上还是准时到他的办公室去。他家住在梅塞街 112 号,从家里到办公室大概有两公里的路途,他从来不开汽车,他喜欢一个人在路上慢慢地走。

和杨振宁一块儿工作的共有 20 多个博士生,都是 20 多岁的年轻人,思想非常活跃。他们经常在一起讨论一些疑难问题,每当大家遇到争执不下的问题时,都很想去请教爱因斯坦,可是考虑到爱因斯坦年事已高,并且已经退休了,这些年轻人就不好意思去打扰他。

但杨振宁还是抑制不住自己的求知欲望。他仔细地观察了爱因斯坦的生活规律,尽量在不影响他工作和休息的情况下和他交谈。在大楼里,在校园的路边,只要有机会,杨振宁就要走上前去,和爱因斯坦交谈几句,请教几个问题。慢慢地,爱因斯坦也喜欢上了这位年轻好学、思维敏捷的中国学生。

有一天,爱因斯坦的助手来找杨振宁,并把他带到了爱因斯坦的办公室。"你好,请坐!"当杨振宁坐在这位伟大的物理学大师面前时,紧张的心情无法用言语来描述。

杨振宁刚刚坐下，爱因斯坦就开门见山地与他讨论起统计力学的问题。统计力学是爱因斯坦毕生从事研究的重要课题之一，当他看到杨振宁写的关于这方面的一篇文章后，就发生了浓厚的兴趣，于是专门把杨振宁叫来，和他交换看法。

爱因斯坦讲的是英语，其中又掺杂了许多德语单词，杨振宁不熟悉德语，听起来很费力，但他还是圆满地回答了爱因斯坦提出的问题。

从爱因斯坦的办公室走出来，不少同学围上来好奇地问："你们究竟讨论了什么问题?"杨振宁竟然记不起来了，因为他太紧张了。

杨振宁对普林斯顿高等学术研究所的学习环境和研究气氛非常满意。这里有一批物理学界的老前辈，可以随时向他们请教问题；有一群学有所成、思想活跃的年轻人，大家可以经常在一起切磋、辩论。这些都使杨振宁的理论水平有了进一步的提高。

时间过得真快，转眼间又到了硕果累累的秋天。杨振宁想起了自己来普林斯顿之前费米的忠告，也感觉到这里不是久留的地方，但现在他却有点拿不定主意了，因为在离普林斯顿不远的纽约，有了一个他日夜牵挂着的人——杜致礼。恰在这时，奥本海默聘任他长期留在普林斯顿工作。他考虑了一段时间，决定留下。

2. 海外奇缘

在美国,城市的夜生活是很丰富的,夜总会、酒吧间随处可见,但杨振宁对这些毫无兴趣。紧张工作之余,他最喜欢去的地方是华人餐馆,那里的饭菜,那里的环境和氛围,都令他思念起远在国内的父母、老师和弟弟妹妹。

今天,又是周末,杨振宁来到了一家中国餐馆。刚走进餐馆,一位面目清秀、举止庄重、年约 20 岁的中国姑娘惊喜地站了起来,迎上前来:"杨先生,您也到美国来了?"

杨振宁愣了一下,随即就认出了面前这位身材苗条、讲话略带陕西口音的姑娘,不禁脱口而出:"杜致礼! 你怎么在这儿?"

杜致礼是杨振宁在西南联大附中教书时的学生,她当时特别喜欢英国文学,对数学也很有兴趣,因此经常向杨振宁请教数学问题,虽说只有短短的一年时间,但师生间的感情却十分融洽。由于社会动荡不安,两人后来就失去了联系。

"你不是到北平读书了吗,后来怎么到了美国?"杨振宁迫不及待地问道。听到杨振宁的询问,杜致礼禁不住潸然泪下。

杜致礼是国民党著名将领杜聿明的长女。杜聿明是陕西省米脂县人,从小家里很穷,在他中学毕业的时候,父亲对他说:"孩子,我养不起你,给你 100 元,你自谋生路吧。"杜聿明含泪告别了父亲,拿着这100元钱到了广州,考上了黄埔军校,成了第一期学员。从黄埔军校毕业以后,杜聿明随即参加了北伐。抗战时,他曾经担任师长、军长。1942年杜聿明任中国远征军第一路副司令长官,指挥部队大胜日军,从此声名大振。北伐、抗战杜聿明是功臣,但"剿共"、内战,他却是战犯。

由于长期的军队生活,杜聿明得了严重的肺结核,经常大口吐血,严重时卧床不起。1947年,蒋介石亲自批准杜聿明由长女杜致礼陪同到美国去治病,不料临上飞机前,杜聿明突然接到了蒋介石的一纸电文,命令他到东北作战。服从命令是军人的天职,他只好拖着病体,走上战场。就这样,杜致礼挥泪告别了亲人,单身一人来到美国,一边打工,一边读书。

听了杜致礼的叙述,杨振宁对她又生出几分同情。"怎么,您还是经常到餐馆和同事讨论问题?"杜致礼问道。杨振宁笑了笑回答说:"那都是过去的事了。"原来,在昆明的时候,茶馆里的茶很便宜,杨振宁经常约上几位同学到茶馆去,大家泡上一壶热茶,海阔天空地谈起来,从数学、物理到社会、人生,他们无所不谈。当年杜致礼找老师往往要到茶馆里去找。真没想到,事隔几年,他们在异国他乡重逢时又是在餐馆里,这简直是太巧了!

那一天,他们谈了很长时间……

普林斯顿中国餐馆的意外相遇,在杨振宁和杜致礼的心中激起了爱的波澜。纽约离普林斯顿很近,此后两人经常约会,在一块儿回忆过去,憧憬未来,彼此产生了好感。

不久,他们在华盛顿举行了简单的婚礼,开始了新的生活。

3. 杨－米耳斯场理论

一提到杨振宁,大家都知道他是诺贝尔奖的获得者,他获奖的成果是他和李政道关于弱相互作用下宇称不守恒的理论。但是,现在的物理学界都普遍认为,杨振宁在物理学领域的最高成就并不是他的宇称不守恒,而是 1954 年他和米耳斯创立的规范场的理论。这个理论当时并没有引起人们的注意,但随着时间的推移却发出了灿烂的光辉。学术界许多人认为他们的这项成果应该再次登上诺贝尔奖坛。

在纽约市东面约 80 公里的长岛上,有一个布鲁克海文国家实验室,1953 年至 1954 年间,杨振宁来到这里任访问学者。在他的办公室里,还有一位年轻的研究生米耳斯,两个人相处得很愉快。

杨振宁在西南联大读书时,就产生了规范场的想法,在芝加哥大学当研究生时,也曾做过一些努力,试图把规范场理论推广出去。现在,杨振宁重新开始研究这个问题。有一天,他把自己的想法告诉了米耳斯,引起了米耳斯的极大兴趣。正如米耳斯后来回忆的那样："30 年前,杨振宁已是一位教师,而我还是一名研究生,那时我和他同在一个办公室,我们经常讨论问题。杨振宁是一个才华横溢的教师,又是一个非常慷慨引导别人的学者。我们不仅共用了一个办公室,杨振宁还让我共用了他的思想……"在以后的一段时间里,两个人在一起认真地进行了讨论,又做了大量的计算工作。

1954 年,杨振宁和米耳斯合作写的一篇文章在《物理评论》上发表了,这篇文章提出了现在所谓的"非阿贝尔规范场理论",也就是杨 - 米耳斯理论。

文章发表后,物理学界反应平平,没有引起人们的重视。杨振宁清楚地记得,当时只有一个地方请他去演讲,希望他报告这篇文章的内容。还有一次,杨振宁到哈佛大学去演讲也讲了这个内容,不过这不是人家给他指定的题目,而是他主动讲的。除此以外,再也没有人请他去讲有关推广规范场的题目了。

出现这种情况并不奇怪,这是因为杨 - 米耳斯的理论超越了他们的时代,同时,新理论所引起的许多问题解决起来还需要有一段时间,物理学的发展也还没有达到需要它的成熟阶段。在以后的时间里,他们的这一理论一直没有引起人们的重视,人们都认为它并没有太多的物理意义,只承认它是一个可能对物理学有用的数学结构,这个结构本身具有简洁、和谐及形式上的优美等特点。

时代的车轮走进了60年代,由于实验的发展,对弱相互作用的现象和知识的积累越来越多,于是科学家们想找到一个描写弱相互作用的理论,可是一直没有成功。这时,格拉肖、温伯格、萨拉姆首先引用了杨振宁和米耳斯文章中的数学结构来构造一个关于弱相互作用的理论,这就是弱电统一理论。这个理论在当时也没有受到重视。

1970年至1971年,有人在温伯格等提出的模型基础上又做了一些重要的工作,这时大家才认识到这个理论是可信的。不久,美国以及西欧的原子研究中心做的实验也证实了这个理论所作的一些预测。人们惊呼,弱相互作用理论已经找到了!这种理论的基础就是杨-米耳斯规范场。

格拉肖、温伯格、萨拉姆提出了著名的弱电统一理论,共同获得了1979年度的诺贝尔物理学奖,人们认为,这也应该看作杨-米耳斯规范场的成功,因为他们的理论是在杨-米耳斯规范场的基础上提出来的。

规范场理论除了在弱电统一理论中起了很大作用外,人们也把强相互作用看成杨-米耳斯规范场作用,于是创立了量子色动力学。这种理论已经被许多实验所证实。

至今人们已确切地知道,主宰自然界的有4种相互作用,即万有引力作用、电磁相互作用、强相互作用和弱相互作用。大家认为至少有两种相互作用都是基于杨-米耳斯场理论。

现在学术界普遍认为,杨 – 米耳斯场理论是继麦克斯韦的电磁场理论、爱因斯坦的引力场理论、狄拉克的量子理论之后的最为重要的物理理论。杨振宁的这一科学成就,是 20 世纪最伟大的理论结构之一,"是一个划时代的创作"(见丁肇中的《杨振宁小传》)。

五

　　过去几十年,全世界的原子物理学家们捧着"宇称守恒定律"向宇宙奥秘之门冲击,结果一次次都失败了。杨振宁、李政道的新理论,才使人们恍然大悟:原来那不过是画在墙上的一扇假门!

　　1957 年,在象征科学界最高荣誉的诺贝尔奖章上,第一次写下了两位中国人的名字——杨振宁和李政道。

1. 关注 θ - τ 之谜

　　1957 年 10 月,瑞典皇家科学院宣布:1957 年的诺贝尔物理学奖由杨振宁、李政道共同获得。杨振宁、李政道的名字和成就,顷刻之间传遍了全世界。

　　李政道,1926 年 11 月 25 日生于上海,1944 年考入浙江大学物理系,第二年转入西南联大物理系。

　　1946 年,西南联大要选派几个优秀青年出国学习,吴大猷教授毫不犹豫地推荐了天赋极好、勤奋努力的李政道。于是这个大学二年级的学生来到了美国，并顺利通过考试，成为芝加哥大学的一名研究生。

1946年秋季的一天，杨振宁与李政道在芝加哥大学见面了，他们原来在国内时就认识，现在异国他乡相逢，又有共同的志趣和爱好，二人就更为亲近。

杨振宁和李政道的合作开始于1949年，这一年，他们发表了合写的第一篇论文，以后，进行了更密切的合作。在十几年时间里，两人合作的论文就有近40篇。他们在基本粒子物理、统计物理方面，都有很重要的成就。而最能代表两个人的合作成果的，就是在弱相互作用下宇称不守恒定律。

人们都知道，所谓"基本粒子"，是构成所有物质的基本单元。随着科学技术的不断发展，人们对"基本粒子"的认识是不断深化的。到1932年底，人们已经知道了5种基本粒子：质子、中子、电子、正电子、光子。

第二次世界大战后，随着实验技术的不断改进，特别是大型加速器建造起来后，一大批新的粒子被发现了。

50年代中期，科学家们又发现了许多"奇异粒子"。在这群"奇异粒子"中，最使科学家们大惑不解也使他们最感兴趣的，是两个奇异粒子——θ介子和τ介子的奇怪特征。

物理学家发现，θ介子与τ介子具有几乎完全一样的性质：

相同的质量,相同的寿命,相同的电荷……人们甚至怀疑:"它们会不会是同一种粒子?"但是,它们在"宇称"上的表现,又完全不同。

物理学家把这种现象称为"θ-τ之谜"。

物理学中有一些基本的定律,如质量守恒定律、能量守恒定律等等,这些定律,一般都被认为是放之四海而皆准的真理,人们只能遵循它,利用它,而不能有任何怀疑的念头。在微观世界中,还有一条"宇称守恒定律",几十年来,这个定律一直被人们奉为金科玉律,从来没有人怀疑过。

什么是宇称守恒呢?杨振宁对此作了形象的说明:

"在自然界里面有四种基本力量:强力量、电磁力量、弱力量以及万有引力——自然界里所有的一切都是由这四种力量组织起来的。

"1956年以前,众所周知,所有的试验也都表明,这四种力量的每一种都左右对称,正像每一事物都和它镜中的对影是一模一样的,专门的术语称为宇称守恒。

"如果你说,人并不对称,人的心脏在左边。这并不违反物理学,因为你给一个人制造一个相反的人,他的心脏在右边,只要这两人吃一样的东西,吃的东西的分子螺旋是相反方面旋转,则两人一定是一模一样的,也就是说,宇称守恒的。"

在出现"θ-τ之谜"以后,相当一部分科学家依旧用宇称守恒定律来套新出现的物理现象,但无论如何也解释不了。

　　杨振宁、李政道以极大的热情关注着这一新的现象。这时,杨振宁在普林斯顿,李政道在哥伦比亚大学,两处相距不远,他们约定,每周各自到对方的住处去聚一次。每次相聚,他们都对物理学中的一些重大问题进行讨论,而"θ-τ之谜"则是他们讨论得最热烈的题目。

　　他们隐约地发现,物理学家们所处的情况就好像一个人在一间黑屋子里摸索出路一样,在某个方向上必定有一个能使他们脱离困境的门。然而这个门究竟在哪个方向呢? 他们两个一直在探索……

　　不久,杨振宁和李政道对宇称守恒提出了怀疑:左右对称,即宇称守恒这件事差不多对,却不是完全都对,在弱力量里可能不对,在弱力量里可能宇称不守恒!

2. 大胆的假设

　　1956 年 4 月,第六届国际高能物理会议在纽约州西北部的罗彻斯特大学举行。"θ-τ之谜"是这次会议议程中最重要的问题。杨振宁和李政道都参加了这次会议。

　　在这次会议上,杨振宁接受大会邀请作了专题报告,他的报告引起了科学家们的极大兴趣。大会的记录有一段是这样写的：

> 杨振宁以为经过这么长的一段时间,而我们对于 θ 和 τ 这个衰变的了解这么少,也许最好是对这个问题,保持一个开放的想法。遵循这种开放思考的研究方式,费因曼对于这个论点提出了一个问题:θ 和 τ 会不会是同一种粒子的不同宇称状态呢? 而它们没有固定的宇称性,这也就是说宇称是不守恒的? 这就是说,自然界是不是有一种单一确定右手和左手的方式呢? 杨振宁说他和李政道曾研究过此问题,但没有得到任何确切的结论⋯⋯也许宇称守恒,或时间反演对称,是不准确的。也许所有的弱相互作用都是来自一个相同的来源,是一种违反时空对称的来源。

这一连串的"也许",确实是够"大胆"的了,把到会的人们惊得目瞪口呆。在宇称守恒被视为金科玉律的物理学界,这个不同凡响的看法引起了大家的关注和讨论。

罗彻斯特会议结束后,杨振宁离开普林斯顿去布鲁克海文国家实验室工作,李政道仍回哥伦比亚大学,于是,他们开始了两地之间更频繁的互访和讨论。

一个多月的时间过去了,他们的工作取得了突破性的进展,由此引导出了 20 世纪物理学史中的一个高潮。他们向世人大胆地宣称:在弱相互作用中宇称并不守恒！过去人们认为宇称守恒是个了不起的成果,但是人们把它的作用任意夸大了,把它推到任意范围,把它绝对化了,从而抹杀了对称中所包含的不对称因素。

一语既出,石破天惊！

但是,要从根本上推翻一个已被公认的概念,必须首先证明:原先支持这个概念的那些证据是不充分的。两位年轻的物理学家经过潜心研究,得出了两点结论:

第一,过去做过的关于弱相互作用的实验实际上与宇称守恒问题并无关系。

第二,在较强相互作用方面,确实有许多实验以高度的准确性确立了宇称守恒定律,但准确度仍不足以揭示在弱相互作用方面宇称守恒或不守恒。

后来杨振宁在介绍当时的情况时,是这样说的:

在并没有实验支持的情况下,长期以来,人们竟错误地相信弱相互作用中宇称守恒,这个事实本身是令人吃惊的。然而更令人吃惊的是,物理学家如此充分了解的一个空间时间对称定律可能面临破产。我们并不喜欢这种可能。我们是由于试图理解 $\theta-\tau$ 之谜的各种努力都遭到挫折,而被迫考虑此可能。

1956 年 10 月 1 日，杨振宁、李政道的文章《弱相互作用中的宇称守恒问题》在最权威的美国杂志《物理评论》上发表了。他们在文中明确指出，宇称并不是任何情况下都严格守恒的，并提出了用新的实验来检验弱相互作用中宇称是否守恒的方案。

要做实验，杨振宁和李政道不约而同地想到了在哥伦比亚大学任教的美籍华人吴健雄。吴健雄和杨振宁一样，生在中国，读书在中国，成就科学事业是在美国。她曾出色地验证过费米的 β 衰变推论，是一位很有成就的女物理学家。

不久，两个人一块儿找到了吴健雄，一见面，他们就直截了当地说："我们共同设想，必须进行一系列的实验。如果实验能证明宇称不守恒，那么，一些新粒子现象就可以得到解释了。因此，我们想请你出山来做这个实验。"

"出山?"吴健雄笑道，"我看这是登山，而能作为一名登山队员，总是很荣幸的。"

说完之后，三个人都会心地笑了。

3. 轰动世界的实验

吴健雄是杨振宁和李政道的好朋友，她本来打算与丈夫一起到日内瓦和远东去巡回讲学，各项外出的准备工作已经做好，但听了两位好朋友的思想和实验方案后,她毫不犹豫地取消了这次远行计划。

吴健雄吻别了 10 岁的儿子,来到华盛顿,登上了国家标准局的实验楼,带领一批优秀的科学家开始准备这项后来举世闻名的实验。

当时,物理学界的大多数人对杨振宁和李政道的观点都抱着不以为然的态度,以为这种假设简直是太大胆了,将来肯定是不能成立的。最有代表性的要数 20 世纪最有名的物理学家之一泡利了,当听说吴健雄要进行这个实验时,他坚决不相信这个实验会证明宇称不守恒,他在给昔日的助手的信中写道:

我不相信上帝是一个无能的左撇子,我愿意出大价和人打赌。实验的电子角分布将是左右对称的。

面对这些,吴健雄丝毫也没有动摇自己的决心,她以为,即使实验的结果与预料的结果不一样,也还是应该进行这个实验。

他们利用当时最先进的设备,开始了非常紧张的验证工作。他们创新地将放射性钴 - 60 放在一个强力磁场中,并"超冷"地予以冷冻,这样就排除了任何干扰,然后再观察它放射出来的电子散布在什么地方。

实验在一天又一天、一个月又一个月地进行。1956 年的冬天显得特别寒冷,吴健雄整天钻在实验室里,每天只休息三四个小时,几乎是天天啃面包,喝牛奶。

这段时间,吴健雄每天都要和杨振宁、李政道通电话,把自己的实验进展情况告诉他们。杨振宁、李政道也在密切地关注着实验的进展。共同的目标,把三位华人物理学家的心紧紧地连在一起。

根据"宇称守恒定律",强磁场中的钴-60放射出来的电子应沿着旋转轴以同样数目朝上下两个方向发射,可是随着时间的推移,一个奇异的现象发生了,数以万计的发射电子射向了同一方向。到12月份,已有足够的实验数据表明:宇称并不永远是对称的!

1957年1月15日,哥伦比亚大学物理系举行了一次史无前例的记者招待会,会上向全世界宣布:"宇称守恒定律"这个物理学的基本定律在弱相互作用中予以推翻!第二天,《纽约时报》头版刊登了"宇称不守恒"的新闻。

吴健雄的实验引起了轰动,杨振宁和李政道的科学构想得到了证实,使科学家们为之困惑的"第一号谜"终于解开了!

消息传到四面八方,世界各地物理学界一片沸腾,祝贺和询问的电文信件如雪片般飞来,高度评价两位年轻的物理学家的贡献:

"这是战后整个物理学界最令人惊奇而激动的事","是科学史上的一个转折点"。

"一个相当完整的理论体系已被从根本上摧毁,我们不知道怎样再把碎片重新建立起来。"

有的科学家作了这样的比喻:过去几十年,全世界的原子物理学家们捧着"宇称守恒定律",向宇宙奥秘之门冲击而不得进,杨振宁、李政道教授的新理论才使人们恍然大悟,那不过是画在墙上的一扇假门。现在,我们至少可以向真门进探了。

著名物理学家奥本海默也抑制不住兴奋的心情,在给杨振宁的电文中说:终于找到了走出黑屋子的门!

世界各国的报纸和杂志竞相刊载关于这个伟大发现的新闻。美国《新闻周刊》说:"哥伦比亚大学的教授们认为,这个发现是过去 10 个忙碌的年头中,物理学上最重要的一项发现!"

消息传到大洋彼岸的中国,物理学界更是一片欢腾,在北京专门举行了学术报告会,介绍杨振宁、李政道的成就,并向两位年轻的物理学家遥致敬意和祝贺。

"弱相互作用下的宇称不守恒"这一理论得到了全世界的公认。

当初准备出高价和人打赌的泡利教授,说他听到这个消息几乎休克,认为这是不可思议的事,并幽默地说:"幸亏没有人跟我打赌,假如有人打赌的话,我就要破产了,因为我没有这么多财产。现在这样,我只是损失了一点名誉,可是,我有足够多的名誉,损失一点不要紧。"

4. 登上领奖台

1957 年 10 月 31 日,一个令人兴奋的消息飞越大西洋传到了美国:瑞典皇家科学院宣布,本年度诺贝尔物理学奖授予李政道和杨振宁博士。诺贝尔物理学奖是国际公认的物理学最高奖。

美国物理学家们闻讯后,纷纷向两人表示祝贺。杨振宁桌子上的电话铃不停地响着,还不断地有人送来贺信和鲜花。

这一消息似乎来得太快了。他们的研究成果发表到现在还不到一年的时间,在这么短的时间里就引起了物理学界的重视,就得到这个科学界里最崇高的荣誉,这说明他们这一成果是多么令人瞩目。

当荣誉和鲜花向两人涌来的时候,在静静的办公室里,杨振宁和李政道正在讨论他们关心的课题,他们身后的黑板上,写着密密麻麻的方程式。

1957 年 12 月初,杨振宁偕夫人杜致礼前往瑞典首都斯德哥尔摩领奖。

12 月 10 日,瑞典皇家科学院音乐大厅里张灯结彩,本年度的诺贝尔奖颁奖仪式即将在这里举行。著名的科学家、作家、社会名流、外交使团的代表以及身穿燕尾服和晚礼服的瑞典贵族在这里聚集一堂,等待着激动人心的时刻,连瑞典国王、王后及王室人员也来了。

庄严的时刻终于到了。在诺贝尔委员会代表的陪同下,在热烈而庄重的气氛中,35岁的杨振宁和31岁的李政道登上了斯德哥尔摩诺贝尔领奖台,全场响起雷鸣般的掌声,人们纷纷向他们行注目礼。

大厅里花团锦簇、香气袭人。瑞典皇家科学院的代表克莱因教授作了演说,他高度评价了杨振宁、李政道的成就。他说:"两位物理学家由于对宇称守恒定律作了精湛的研究,从而导致次原子粒子方面的重要发现,因而共同获得诺贝尔奖……这两位获奖者所进行的研究,实际上推翻了30多年来被普遍认为是自然基本定律的所谓宇称守恒定律。"

他的讲话被一阵阵热烈的掌声所打断。

杨振宁、李政道和其他几位获奖者拘谨地把手放在膝盖上,面向听众,认真地听着台上主持人的每一句话。他们的夫人都穿着漂亮的礼服,坐在台下第一排,目不转睛地注视着自己的丈夫。这是多么令人骄傲的时刻啊!

开始颁奖了,按照次序,瑞典国王把诺贝尔奖章和证书,发给得奖人。杨振宁是第一个领奖的人。

杨振宁走到瑞典国王面前,恭敬地接过荣誉证书和奖章,国王轻声地向他表示祝贺。杨振宁和其他获奖者一样,沉浸在无比的欢乐之中。

诺贝尔奖章是用纯金制成的,图案设计精致美丽,含义深刻。正面图像中央,是一幅意味深长的浮雕画面:美丽的自然女神亭亭玉立,她右手怀抱着一个号角,号角里放满了丰硕的果实。科学家女神正轻轻地揭起蒙在自然女神头上的面纱。图像正中的下方刻有得奖人的名字。奖章的另一面是诺贝尔的侧面头像,环绕头像刻着他的英文名字。

这天晚上,诺贝尔基金委员会和瑞典皇家科学院举行盛大晚宴。宴会开始前,按照惯例,获奖者都发表了礼节性的演讲。

杨振宁压抑不住内心的激动,作了如下热情洋溢的演讲:

陛下,殿下,女士们和先生们:

首先,请允许我感谢诺贝尔基金会和瑞典科学院对我和我夫人的热情款待。我还要特别感谢 Karlgren 教授,他的引述和他引用的一段中文使我听了感到格外亲切。

诺贝尔奖是 1901 年设置的,就在同年发生了另一件具有巨大历史意义的重要事件。这个事件后来对我个人的生活道路产生了决定性的影响,并有助于联系到我现在参加 1957 年诺贝尔盛会。承蒙诸位惠允,我将花几分钟讲一下这个事件。

20 世纪后半叶,在西方日益扩大的经济和文化影响的冲击下,中国面临一场激烈的论战。争论的焦点在于中国到底应该吸收多少西方文明。然而,争论尚未得出结论,感情便代替了理智,在 19 世纪 90 年代,人们结伙办起了义和团,英文叫做 Boxers,他们声称能以血肉之躯抵挡住现代武器的攻击。他们采取了盲目和不理智的举动反对在中国的西方人,并成为 1900 年欧洲多国和美国军队入侵北京的导火线。这就是义和团战争,一场野蛮杀戮和无耻掠夺的战争。归根结底,这个事件是由在遭受到外部日益加深的压迫和内部日趋衰落腐败的情况下,自尊的中国人民愤怒而无奈情感的爆发所引起的。从历史上看,这一事件也一劳永逸地平息了关于中国应该吸收多少西方文明的争论。

　　那场战争于 1901 年结束,当时签订了一个条约。条约中有一款规定中国要向列强赔偿共约 5 亿盎司的白银,这在当时是笔惊人的数目。大约 10 年以后,作为典型的美国式的友善表示,美国决定把自己的那一份退还给中国,用这笔钱设立一个基金,由基金拨款筹建一所大学,就是清华大学,并为去美国深造的学生提供奖学金。我是这两项计划的直接受益者。我父亲任清华大学教授,我就生长在这幽僻的、学术空气浓厚的清华园里,愉快地度过了我宁静的童年。这是绝大多数我这一代中国人所不能享有的。后来在这同一所大学里,我受了两年极好的研究生教育,而后又得到上述基金提供的奖学金,去美国继续深造。

今天,当我站在这里和大家谈这些事情的时候,我深深地意识到,广义来说,我是既调和又抵触的中西方文化的产物。我愿意说,我以自己的中国血统和背景而感到骄傲,同样,我为能致力于作为人类文明一部分的,源出于西方的现代科学而感到自豪。我已献身于现代科学,并将竭诚工作,为之继续奋斗。

第二天,即1957年12月11日,按照规定,获奖者作诺贝尔演讲,向人们介绍他们的获奖成果。

杨振宁演讲的题目是《物理学中的宇称守恒及其他对称定律》,李政道的演讲题目是《弱相互作用和宇称不守恒》。

在诺贝尔奖的历史上,第一次写下了两位年轻的华人的名字,这是一件令亿万炎黄子孙骄傲的事情。

5. 岳父的贺信

在斯德哥尔摩的几天里,还有一件事令杨振宁激动万分。

有一天,杨振宁出乎意料地发现了一个熟悉的面孔,这就是当年告诉他费米的下落,现在是中国科学院高能物理研究所所长的张文裕。张教授是作为中国科学家代表来参加这次授奖仪式的。

"您好,张教授!"杨振宁热情地迎上前去,紧紧地握住了张教授的手。张教授也激动地拉住了杨振宁的手,真诚地向他表示祝贺。

"振宁,你看,我还给你带来了一样东西。"说着,张教授从口袋里拿出了一封信,郑重地交给了杨振宁。

杨振宁迫不及待地把信打开,只见上面写着:

亲爱的宁婿:

    我祝贺你获得诺贝尔奖。这是民族的,你要注意政治。

    此致敬礼!

杜聿明即草

看了这封未曾见过面的岳父的来信,杨振宁激动得热泪盈眶。这封只有 36 个字的短信,杨振宁却觉得像有千斤重,特别是"民族""政治"两个词的含义,更是沉甸甸的,杨振宁陷入了沉思。

原来,杜聿明送走女儿致礼后,听从蒋介石的调遣,匆匆赴东北参战,结果是节节败退,后又奉命调到华东守徐州。在淮海战役中,这位徐州"剿总"副司令丢掉了手中的 80 万军队,自己也成了战俘。当杨振宁与杜致礼在美国共度蜜月时,杜聿明已成了战犯改造所的一名战犯。

淮海战役之后,国民党大员们如惊弓之鸟,纷纷逃往台湾,杜聿明的夫人曹秀清带着年迈的婆母和6个孩子也到了台湾,就这样,杜聿明一家被分隔在海峡两岸。

台湾当局出于他们的目的,大造谣言:"杜聿明被共产党杀害了,我们要给他立烈士神位。"听到这些消息,杜聿明的家人悲痛万分,他们没有想到,这时,杜聿明已在北京的功德林开始了新的生活。在党和政府的关怀下,这位甲级战犯不仅治好了浑身的病痛,而且彻底转变了思想,开始成为一个社会主义的新人。今天杨振宁看到的这封信,就是在周恩来总理的关照下,杜聿明在功德林写的。

在这之前,杜聿明已经和女儿杜致礼取得了联系。1956年的一天,一封经过北京、伦敦,最后才转到普林斯顿的信件送到了杨振宁的寓所。杜致礼一眼就认出了父亲那熟悉的笔迹,还未拆信,眼泪就像断了线的珠子落了下来。

得到父亲的消息之后,杜致礼立即给在台湾的母亲曹秀清写了一封信,信中说:"您的老朋友与我通信了,他非常关心您。"曹秀清从女儿这一语双关的话语中知道丈夫还活着,高兴得一夜没有合眼。从此,接到杜聿明信件的这一天便成了杨振宁家庭的纪念日,每到这一天,全家人就像过节一样进行隆重的纪念。

　　此时此刻,夜已经很深了,宾馆里,杨振宁住室的灯光依然亮着。杨振宁把张教授转来的岳父的信看了一遍又一遍,然后走到窗前,注视着外面闪烁的万家灯火,他想了很多很多……

　　当张文裕教授回到国内时,杜聿明收到了杨振宁的回信,在信中,杨振宁向岳父表示衷心的感谢,并说岳父的关怀使自己深为感动。

六

　　1964 年春天,在美国生活了 19 年的杨振宁加入了美国国籍。这一决定是经过了几年的犹豫与挣扎之后做出的,但入籍之后仍耿耿于怀,怕父亲到死不会原谅他的抛乡弃国之罪。

1. 父子情深

　　1957 年,杨振宁和李政道共同获得诺贝尔物理学奖的消息,传到大洋彼岸的中国,国内报纸纷纷报道了这一振奋人心的消息。这时,在上海华东医院的一间病房里,静静地躺着一位老人,当他听到这一消息时,激动得双眼充满了泪水,他就是杨振宁的父亲杨武之先生。

　　抗战胜利后,清华、北大、南开分别迁回北方原址,西南联大解体了。由于生活的艰辛,杨武之患上了严重的伤寒病,全家只好暂时仍留在昆明。他深感自己的精力已不如从前,十分遗憾地说:"我已经不能像老将黄忠一样上阵提刀,转战沙场了。我的脑力和体力已不允许我再搞数学研究,后半生我只能从事教育,也许能再培养一位世界级的数学家。学校的行政工作我也不会再担任了。"

他身体稍有好转,就到昆明师范学院任职,担任数学系主任。

1948 年夏天,杨武之告别了家人,一个人回到了北平清华大学任教。不久,平津战役开始了,北平已被解放军包围。他想北平解放已指日可待,而家人仍在昆明,应尽快把家人接来北平。12 月 21 日他乘飞机离开北平,经上海回到昆明。

1949 年春天,杨武之带着全家到了上海,想等上海解放后返回北平工作。全家人等啊盼啊,终于盼来了上海的解放。正当杨武之做好回北平的准备翘首以盼的时候,一纸通知送到了他的手里:他被清华大学解聘了! 这一消息使他感到万分失望。

不久,杨武之被聘为同济大学数学系教授。1952 年夏天,全国大学进行院系调整,他又进入复旦大学教书。

1954 年的冬天,杨武之又一次被病魔击倒了,住进了医院,没想到一住就是三年。现在杨武之听到儿子获奖的消息,感慨万分,感慨之余,不禁想起了年初到日内瓦和儿子见面的情景。

那是一个春暖花开的季节,久卧病床的杨武之突然接到儿子振宁的来信,说他最近要到瑞士去讲学,希望父母亲能去日内瓦见上一面。儿子的来信，勾起了杨武之对儿子的思念。是啊，转眼振宁离开祖国已经十几年了，这十几年来，他每天都在盼望着和儿子见面的那一天。

杨武之在病床上立即给国务院总理周恩来写了一封信，请求能去瑞士同儿子见面。没想到，周总理很快就做了批示，支持他的这一行动。就这样，杨武之拖着病体千里迢迢经过莫斯科飞往日内瓦。

在日内瓦，杨武之见到了分别十几年的儿子，还见到了儿媳杜致礼、孙子杨光诺。

杨武之显得有点滔滔不绝，他向振宁介绍了新中国的各种新气象、新事物，恨不能把祖国发生的一切变化都告诉儿子。有一天，他听说中国驻日内瓦的领事馆放映电影纪录片《厦门大桥》，立即拉上振宁一同去观看。

短暂的欢聚就要过去了，杨武之要回国了，振宁专门买了一盆终年盛开的非洲紫罗兰，特意照了相，并在相片上写着："永开的花是国的象征。"

杨武之临别时，送给儿子和儿媳两句话："每饭勿忘亲爱永，有生应感国恩宏。"

这次见面，父亲对祖国的热爱之情，给杨振宁留下了难忘的印象。

现在，杨武之仍然躺在病床上，他为儿子取得的成就感到高兴,同时盼望儿子在时机成熟时能回到祖国来,用他的话来说是"血汗应该洒在自己的国土上"。

2. 加入美国国籍

杨振宁虽然身在美国,但他的心灵深处无时无刻不在深深地怀念着自己的祖国,在关心着祖国的一切。这种对祖国的感情,从来没有改变过,从来没有削弱过。在各种各样的场合,他都满怀深情地回忆起在中国生活和学习的情景,就是在获诺贝尔奖时的讲演中,还为自己的"中国血统和背景而感到自豪"。

可是,在他离开祖国 19 个年头后的 1964 年的春天,他加入了美国国籍。

做出这一决定,杨振宁思想上是经过了很长时间的犹豫和斗争的。入籍之后他仍然耿耿于怀,每当想起父亲对他的教诲就感到不安,他知道父亲对他加入美国国籍是深为不满的,怕父亲到死都不会原谅他这种抛乡弃国之罪,他多么想向父亲表明自己当时充满矛盾的心情啊!

对于加入美国国籍,杨振宁后来是这样记述的:

1964 年春,我入了美国国籍。

从 1945 至 1964 年,我在美国已经生活了 19 年,包括了我成年的大部分时光。然而，决定申请入美国国籍并不容易。我猜想，从大多数国家来的许多移民也都有同类问题。但是对一个在中国传统文化里成长的人，作这样的决定尤其不容易。一方面，传统的中国文化根本就没有长期离开中国移民他国的观念。迁居别国曾一度被认为是彻底的背叛。另一方面，中国有过辉煌灿烂的文化。她近100多年来所蒙受的屈辱和剥削，在每一个中国人的心灵中都留下了极深的烙印。任何一个中国人都难以忘却这100多年的历史。我父亲在1973年故去之前一直在北京和上海当数学教授。他曾在芝加哥大学获得博士学位。他游历甚广。但我知道，直到临终前，对于我的放弃故国，他在心底里的一角始终没有宽恕过我。

不仅如此，我渐渐知道了华人在美国的早期经历。那是我们的历史，是浸透了难以用言语形容的偏见、迫害和杀戮的历史。贝蒂·李·宋（Betty lee Sung）将这一段历史归纳如下：

"1878年，特拉基镇的中国人被全部集中起来，赶出了镇。

"1885年，28名华人在怀俄明州石泉镇被无耻屠杀。还有许多人受伤，数以百计的人被驱离家园。

"1886年，俄勒冈州的木屋镇又发生一起野蛮的屠杀。"

玛丽·柯立芝(Mary Coolidge)教授写道："在克尔尼主义年代美国居然还有华人活着,这真是个奇迹。"

接着,又发生了 1892 年的吉芮法和 1904 年、1911 年、1912 年、1913 年及 1924 年的排华法。这些法律使得在美国的华人社区变成畸形的、与美国社会隔离的、受鄙视的、被剥削的独身男子劳工队伍。我 1945 年来到美国的时候,情形依然如此。

60 年代初的一天晚上,我在去布鲁克海文实验室的途中乘火车从纽约去帕巧格。夜已经很深了,摇摇晃晃的车厢内空荡荡的。一位老人坐在我身后,我便和他搭起话来。他是浙江人,大约生于 1890 年前后,旅美已经 50 余年,有时以洗衣为业,有时给餐馆洗碗碟。他没有结过婚,总是一个人孤零零地住在一间屋子里面。他对人显然十分友善。我心里想,难道这意味着他没有痛与恨?车到贝肖,老人蹒跚地顺着灯光惨淡的过道走到车尾,颤巍巍地下了车。看着他那被岁月压弯了的脊背,我心里充满了悲哀和愤怒。

歧视虽然不似早年那样猖獗,但时至今日仍然存在。1954 年底,我的妻子和我交付了数百元作为在普林斯顿附近一个住宅区内定购一所新房子的保证金。几周后业主通知说,他必须把保证金退还我们,因为他担心我们是中国人可能会对他出售住宅不利。我们怒不可遏，去找了律师。律师却劝我们不要起诉，因为他认为我们不可能胜诉。

诚然，有不少因素使我裹足不前。可是我也知道，美国社会对我很宽待。我来美国是根基很好的学生，是这个社会给了我发挥潜力的机会，我知道世界上没有别的国家对移民如此宽待。我也认识到，我在这儿的根几乎在不知不觉中就已经往深处扎了。

1961年元月，我在电视里观看肯尼迪就职典礼。罗伯特·弗罗斯特应肯尼迪的邀请上台朗诵他的一首诗。他选了《彻底的礼物》。当我听到：

占有我们尚不为之占有的，

被已不再占有的所占有。

我们所保留的使我们虚弱，

直到发现正是我们自己。

我们拒绝给予我们生活的土地，

于是在投降中得到了新生。

似乎什么东西一直触到了我的心灵。后来在一本集子里我找到了弗罗斯特的这首诗。它确实很美，很有力量。它在我申请入美国国籍的决心里起了一些作用。

杨振宁虽然入了美国国籍，但祖国永远在他心中。在这以

后的几十年时间里,他所做的一切,就充分证明了这一点。

3. 跳出象牙之塔

杨振宁来普林斯顿已经 17 年了。这 17 年,是杨振宁事业发展的一个高峰期,他的研究取得了令人瞩目的成就,这在他一生的事业中都占有很重要的地位。

1965 年春天的一天,杨振宁正在紧张地工作,电话铃突然响了。

"喂,你好,杨先生,我是托尔,两天后我去拜访你。"没等杨振宁多说什么,那边的电话就挂了。

第三天,托尔教授果然来了。托尔是研究理论物理的,他的到来使杨振宁万分高兴。刚坐下,托尔教授就急不可耐地说开了:

"杨先生,纽约州成立了一所新的大学,叫纽约州立大学石溪分校,我已经接受了校长的职务,即将就任。我想请你到那里去做教授,帮助把石溪建成一所研究气氛浓厚的大学,你肯去吗?"

这个问题来得太突然了,杨振宁一时很难做出回答。见他没有马上回答,托尔教授只好说:"你考虑考虑吧,我等着你的回音。"

托尔教授走了，杨振宁陷入了沉思……

杨振宁认真地考虑了几个星期后，接受了托尔教授的邀请。1966年夏天，他离开普林斯顿到了石溪。

关于离开普林斯顿高等学术研究所到纽约州立大学石溪分校任职一事，杨振宁在《读书教学四十年》中是这样写的：

　　普林斯顿高等学术研究所是一个有名的研究所，是一个最成功的、名副其实的象牙之塔。我在普林斯顿前后17年。那是我一生之中研究工作做得最好的时期。

　　那么，为什么要走出象牙之塔？这个问题，从那时候直到今天，常常有朋友问我。他们问：走出象牙之塔是否后悔？我的回答始终是：不后悔。世界不只有象牙之塔，还有很多很多别的事业。比如说建立石溪分校，建立中文大学就是。这些事业的重要，跟象牙之塔的重要是不同的。

　　很难说哪一个更重要。

杨振宁的到来，使托尔教授欣喜万分。他热情地欢迎这位年轻有为的物理学家来这里任职，并很快从纽约州申请了一项特别资金，成立了理论物理研究所，请杨振宁担任首任所长。

杨振宁全身心地投入了工作。他把一些很优秀的物理学者请到所里做教授、研究员或者学生，采购了大量的图书仪器。这个物理研究所在他的努力下轰轰烈烈地办起来了。

　　岁月交替，年复一年，杨振宁的鬓发已渐有霜白，而石溪分校已培养了一批又一批青年人才。

七

　　杨振宁虽然加入了美国国籍,但那片培育他的故土,对他来说是永生难忘的:合肥老家的旧屋,清华园的大树……他多么想登上飞机,踏上那片梦牵魂绕的热土!

　　机会终于来了,杨振宁第一次回到阔别了26年的祖国,祖国敞开了胸怀,热烈欢迎自己的骄子远洋归来。从此,他的肩上,又多了一份沉甸甸的责任。

1. 载誉归来

　　1971年8月17日,一架民航班机从上海机场起飞后,向太平洋彼岸飞去。8月19日,《人民日报》一版右下角上,以《美籍中国物理学家杨振宁离沪,在京期间周恩来总理曾予会见并宴请》为题,发表了新华社一条不足200字的消息。在以阶级斗争为纲的动乱年代里,这条消息披露了杨振宁第一次回国的踪迹。

在中美两国相互对峙的几十年时间里,杨振宁那颗游子的心,无时无刻不在关注着中华民族的一切。多少个明月当空的夜晚,他一遍又一遍地朗读着李白的《静夜思》:"床前明月光,疑是地上霜。举头望明月,低头思故乡。"这首诗,他早在孩提时代就已背得滚瓜烂熟了,但当他身处远离故土的异国他乡时,这首只有 4 句 20 个字的小诗,带给他多少思乡的情结和遐想……

1970 年年底,毛泽东主席在会见美国作家斯诺时表示,欢迎尼克松总统访华。

周恩来总理在接见美国乒乓球队时指出:"你们这次应邀来访打开了中美两国人民友好往来的大门。"

不久,美国国务院解除了美国公民不能到中国旅行的禁令。

种种迹象表明,1949 年以来冻结了几十年的中美关系开始融解。杨振宁高兴地意识到,重见故乡、家人、亲戚、老师和朋友的机会来了。他恨不能立即登上飞机,踏上那片梦牵魂绕的热土。合肥老家的旧屋、清华园的大树……对他来说都有一种急不可待的渴望。

杨振宁开始做积极的准备。他迫不及待地给父亲发了一个电报,表达了想回国访问、探视的愿望。

接到儿子的电报,杨武之抑制不住兴奋的心情,在病榻上对身边的孩子们说:"我们家的家风:一生为人清白。我们家的家教:你母亲勤俭持家,一生奉献给丈夫和子女。你大哥在清华园所受的教育,在北平崇德中学念书,在西南联大念书,还有你们四位弟妹,还有你大哥的同学和朋友很多都在国内,凡此种种,都是你大哥一定会克服障碍回国探望的基础。"

但是杨武之马上又犹豫了,当时正是十年动乱的第5个年头,在美国居住的人回国探亲的还没有过先例,会不会因此造成什么后果呢?会不会因此落个里通外国的罪名呢?可是他太想念儿子了。经过再三考虑,杨武之提笔给国务院写了封信,提出要求批准儿子回来探亲的愿望。没想到,他的请求很快就得到了满意的答复。

1971年7月20日,一架法航飞机徐徐降落在上海虹桥机场。杨振宁走出舱门,深深地呼吸了一口清新的空气。他又闻到了故土的气息,看到了黑头发、黄皮肤的和蔼可亲的笑脸。啊,中国,故乡!几十年魂牵梦绕的地方……他激动的心情无法用言语来表达。

杨振宁健步走下飞机,受到了有关部门的热烈欢迎。

"杨先生,请问你有哪些事情需要我们帮助办理吗?"一位接待人员热情地走上去询问。杨振宁拿出纸和笔,开列了一张要求会见的人的名单,上面有他的老师、朋友和亲人。

是啊,离开祖国已经26年,对于祖国,他是既熟悉又陌生,他要走遍祖国的各个角落,要去拜见亲人和朋友,尽情地享受亲情和友谊。

离开机场,杨振宁坐车直奔上海华山医院探望父亲。坐在车上,他只嫌车速太慢,恨不得立刻见到父亲。父亲因病卧床已很长时间了。

杨武之今天的心情特别好,精神也比平时好许多,他在静静地等待着儿子的到来。

来了,来了,是儿子的脚步声!无论走到哪里,父亲一下子就能听出儿子走路的声音。他立即从病床上坐了起来。

父子见面了,振宁在病床前紧紧地握着父亲的手,久久不愿松开。父亲比起6年前他们在香港相逢时,显得又苍老又衰弱,振宁的两眼湿润了。

母亲见到儿子,更是激动得不知说什么好。振宁发现,常年的劳累使母亲的腰背微微弯曲了。那一天,振宁和父母在一起谈了很多很多,和父亲谈政治、谈形势,和母亲拉家常、忆过去。父亲再三叮嘱儿子:"要把目光放远,要看清历史演变的潮流……"振宁理解父亲的话的深刻含义,他顺从地连连点头。

在上海,振宁见到了弟弟妹妹们,他们一个个都成了中年人。振宁关心地询问他们的工作、学习和生活情况,重温了小时候一块儿玩耍、做游戏的情景,倾诉了各自的离别感受。

在北京,他会见了儿童时代、中学和大学时期的好朋友邓稼先。在北京大学,他见到了敬重的老师吴有训、周培源、王竹溪先生,见到了同窗好友黄昆。在中国科学院原子能研究所,他又见到了老师张文裕、赵忠尧先生。

杨振宁也第一次见到了自己的岳父杜聿明先生,见到了岳母曹秀清女士。曹秀清本来在美国与他们一起生活,当获悉丈夫健在并被释放的消息后,于1963年回到了北京。翁婿相见,感慨万千。

从上海到北京,杨振宁生活在亲人们中间,被亲情包围着,尽情享受着天伦之乐。

2. 难忘的会见

这一次回国访问,最使杨振宁难忘的是见到了周恩来总理。

1971年7月28日,天空晴朗,万里无云。故宫的琉璃瓦在阳光下闪闪发光,宽阔的天安门广场两边,是雄伟壮丽的历史博物馆和人民大会堂。杨振宁怀着无比激动的心情,踏上了人民大会堂的台阶,他环顾广场四周,心中感慨万千。北京对于他来说,是既熟悉又陌生。说熟悉,因为这是他从小生活过的地方,说陌生,是因为他阔别此地已经几十年了,这里发生了翻天覆地的变化。故都以崭新的面貌欢迎这位万里归来的游子。

会见大厅的地板上铺着一层厚厚的红地毯。73岁高龄的周恩来总理步履稳健地走了进来。

"杨博士,欢迎你!"杨振宁快步迎上去握住了总理的手。看上去,周总理显得有些消瘦、苍老,但风度翩翩,双眼有神。

"武之教授的身体还好吗?"刚一坐下,周总理就关切地问杨振宁。"好! 好!"杨振宁连忙答道。

在此之前,杨振宁对周总理就怀有深深的敬意。1964 年底,杨振宁到香港大学讲学,当时中国正处于"文化大革命"的前夕,但在周总理的精心安排下,有关部门还是批准了杨振宁父母和弟妹赴香港与他团聚。岳父杜聿明特赦之后,是周总理亲自安排他担任全国政协文史资料研究委员会专员,在"文化大革命"初期,从各方面对他加以保护。这些,杨振宁一直铭记在心,对总理那种细致入微、平易近人的作风十分崇敬。

那天参加会见的还有:杜聿明夫妇,杨振宁的弟弟杨振汉和妹妹杨振玉,中国科学院院长郭沫若,教育部部长刘西尧,著名科学家周培源、华罗庚、竺可桢、钱学森、朱光亚、王竹溪、张文裕、钱伟长、黄昆等。

由于是第一次会面,一开始杨振宁有点拘谨。

出于习惯,杨振宁称杜聿明为"杜先生",总理听到后,立即纠正说:"应称为岳父大人!"大家听后哄堂大笑起来。

总理又接着说:"杨博士的岳父杜聿明将军和我是老朋友,早在黄埔军校时就认识。"总理喝了一口茶,对杜聿明笑着说:"过去我们曾经打过仗,现在不又坐在一起了吗? 爱国不分先后,爱国一家嘛!"总理一席话,大厅里的气氛顿时活跃起来,杨振宁心中好像吹进了一股春风,感到无比的亲切。

令杨振宁感到吃惊的是,周恩来作为一个泱泱大国的总理,日理万机,心力交瘁,却又是那么精神抖擞,思维敏捷,记忆力十分惊人。他对美国大大小小的事情都了解得十分清楚,而且很感兴趣。杨振宁在心中暗想:总理的头脑是一部十分精密的电子计算机。

会见在亲切而又愉快的气氛中进行。周总理充满信心地对杨振宁说:"杨博士在海外的成就说明了中国人并不比别人笨,中国目前在许多方面还很落后,但在不久的将来一定能够迎头赶上去。"

会见就要结束了,周总理沉思了一会儿,然后亲切地说:"我们希望杨博士和许多有识之士一道,在中美两国人民之间架设一座交流科学、增进友谊的桥梁……"听了总理的嘱托,杨振宁用力地点了点头,他觉得自己又多了一份责任。

难忘的故国之行,一位伟人给杨振宁以启迪和力量,使他揭开了生活的新篇章。从此,杨振宁抑制不住对祖国的思念,几乎每年都要回国,到祖国各地去访问、讲学。他怀着炽热的爱国之心,迈着匆匆的脚步,踏遍了祖国的大江南北。

杨振宁的首次访华,叩开了中国紧闭了20多年的科学大门,从此,一批又一批著名华裔外籍科学家不断回到祖国,使中西方文化交流日益扩大,为中国的现代化建设迎来了一个充满朝气的新局面。

3. 送别父亲

1972 年 6 月 16 日,杨振宁第二次回国探亲。这一次,他走访了北京、南京、西安、延安、广州等地,参观了工厂、学校、农村人民公社和科学研究单位,游览了名胜古迹,在北京和上海与科学界人士座谈,又一次受到了周恩来总理的亲切会见。

这时,父亲杨武之仍然疾病缠身,还在华山医院住院治疗。杨振宁在回国的短暂时间里,总是尽量抽出时间到医院去陪伴父亲。

有一天,杨武之显得很兴奋,他无限感慨地对身边的孩子们说:"我遗憾的是我的身体不行了,否则我将同你大哥一起去北京见周总理,我将当面谢谢周总理批准我去日内瓦,我将当面谢谢周总理关怀我的病情。我 76 岁了,还能碰上中美关系改善,碰上中国的春天,中国的科学和教育事业的春天,不能不说也是幸福。如果我身体好,我还能为中国的科学和教育事业做一些贡献,我有的朋友、同事和学生在海外,有的在台湾,我会请他们回大陆看看。"

父亲的话,令在场的人都十分感动。孩子们多么希望父亲能够战胜疾病,重新站立起来啊!大家只好安慰他说:"你的身体会好起来的!"

看到父亲日渐衰弱的身体,振宁心中十分难过,他多么想终日陪伴在父亲身边啊!但他的工作实在太忙了,他必须起程回美国。

这一天,振宁手捧一大束鲜花来到了父亲的病床前,心情沉重地对父亲说:"你要安心养病,我有时间就回来看你。"父亲紧紧拉住儿子的手半天不愿松开,振宁的眼睛也湿润了。

1972年的冬天来到了,一场大雪使气温下降了好几度。杨武之患了感冒,持续高烧,病情一天重似一天。后来变得神志不清,最后转为昏迷。

杨振宁身在美国,心系久病卧床的父亲。得到父亲病重的消息,他寝食不安。

1973年5月4日,父亲病危。杨振宁第三次回到上海。他日夜守候在病床前。

5月12日,杨武之教授在医院去世。

5月15日,复旦大学为杨武之先生举行追悼大会。前来参加追悼会的有复旦大学的领导和杨武之的生前好友,人们怀着无比沉痛的心情来为这位中国现代数学的先驱送行。

杨振宁胸戴白花,臂缠黑纱,用极其沉痛的语调在父亲的追悼会上代表全家讲了一段话:

父亲于 1896 年农历三月二日出生在安徽合肥。他早年毕业于北京高等师范大学,后来在安徽安庆第一女子师范学校教了几年数学;我是在那个时期出生在合肥的。安庆那时叫怀宁,所以他给我取名为振宁。1928 年以后他在厦门大学、清华大学、西南联合大学、昆明师范学院、大同大学、同济大学和复旦大学担任数学教授先后 40 多年。

父亲为人纯真谦虚,力争上游,是接触过他的人都有的印象。

父亲给我们子女们的影响很大。从我自己来讲:我小时候受到他的影响而对数学发生浓厚的兴趣,这对我后来进入物理学界有决定性的影响。

1962 年父亲、母亲和我在日内瓦会面,父亲向我介绍了许多新中国的建设和新中国的思想。他的话许多地方我能了解,也有许多地方我不能了解,这样,就产生了多次的辩论。有一晚我们辩论了很久,最后我说:"您现在所说的和您几十年以前所教我的不一样。"他说:"你怎么还没有了解,我正是要告诉你,今天我们要否定许多我从前以为是对的,而实际是错的价值标准。"这一句话给了我很深刻的印象。

近两年来父亲身体日衰。他自己体会到这一点,也就对我们的一切思想和行为想得很多。1971 年、1972 年我来上海探望他,他和我谈了许多话,归结起来他再三要我把眼光放远,看清历史演变的潮流,这个教训两年来在我身上产生了很大的影响。

父亲于 1973 年 5 月 12 日长辞人世。在他一生 77 年的时间里,历史有了惊天动地的演变。昨天收到他一位老同学又是老同事的信,上面说:"在青年时代,我们都向往一个繁荣昌盛的新中国。中华人民共和国成立以后 20 多年来在毛主席和中国共产党的英明领导下,当时我们青年梦寐以求的这个新中国实现了。"我想新中国的实现这个伟大的历史事实以及它对于世界前途的意义正是父亲要求我们清楚地掌握的。

最后,让我代表全家向华山医院、复旦大学、治丧委员会、上海市革命委员会和全体来参加追悼会的各位表示衷心的感谢。

料理完父亲的后事,5 月 16 日,杨振宁来到北京,第三次见到了周总理和有关方面的人士。18 日离开北京返回美国。

4.见到毛泽东主席

1973 年的暑假到了,杨振宁又在做着回国前的准备。

7 月 12 日,杨振宁带着夫人杜致礼第四次回到祖国。

这一天,杜家热闹极了,政协机关专门派人帮助购买物品,还派了厨师做菜。当杨振宁夫妇二人踏入家门,一顿丰盛的家庭宴席已经摆好了。

第二天,负责接待工作的同志来到杨振宁的住处,关心地问:"杨教授,有什么事情需要我们帮助吗?"杨振宁犹豫了一下,说:"我很想见见毛主席。"

话刚出口他就后悔了,虽说这是他此次回国的一个最大心愿,但毛主席太忙了,怎么会有可能呢?没想到那位同志认真起来:"好,我马上给领导汇报一下。"杨振宁马上提出:"恐怕不妥吧?"

"有什么不妥的? 每个人都想见到毛主席。"

7 月 17 日,杨振宁接到通知,毛主席要接见他,他简直不敢相信这是真的!

这天下午,杨振宁由周培源陪着来到中南海,周总理走出来迎接他们,把他们领到毛主席的书房,并把他介绍给毛主席。毛主席对他回国表示欢迎,让他和周培源分坐在自己的两旁。毛主席说一口浓重的湖南话，一开始还比较好懂，可是当他谈到中国历史上的科学成就和思想时，引用了许多典故和成语，这些杨振宁不太熟悉，听起来非常吃力，坐在旁边的周总理看出了这一点，马上和周培源换了座位，充当翻译。

接着，毛主席关心地问起宇称守恒定律问题。毛主席说："宇称也可以说是守恒，也可以说是不守恒，对吗？"

"是的，非常正确！"杨振宁没想到毛主席会谈起这个话题，马上回答，连连点头。

接着，毛主席又与杨振宁谈了上下古今一些很有意义的话题，并让他转达对杜聿明的问候。

毛主席的一番话，使杨振宁感觉到，毛主席非常幽默，非常博学，是个考虑问题喜欢从大处着想的人。

一个多小时的谈话就要结束了，杨振宁起身告辞，毛主席不无幽默地对杨振宁说："我很高兴你在科学方面对世界有一些贡献，我也很希望能给世界有一些（科学）贡献，不过我未能做到这一点。"

会见时，毛主席和杨振宁一起合了影，事后还送给杨振宁一张，杨振宁全家都感到无上光荣，把这张照片视为珍宝，一直挂在杜聿明的会客室里。

会见结束后，新华社立即向全世界发布了这一消息：

新华社北京 1973 年 7 月 17 日电,我国人民的伟大领袖毛泽东主席,今天下午会见了前来探亲、访问的美籍中国物理学家杨振宁博士。

毛主席在中南海自己的书房里,同杨振宁博士进行了一个多小时极为亲切的谈话。

参加会见的有国务院总理周恩来和中国科学技术协会副主席周培源。

毛主席会见外籍中国科学家,在新中国的历史上还是第一次,受到了国际国内社会舆论的关注,不少人纷纷推测毛主席和杨振宁谈了些什么,会见的意义是什么。

对于这个问题,杨振宁在一次回答记者采访时说:"这方面的猜测已经太多了,右派左派各有解释,在我看来,一方面是主席对科学工作者的重视,另一方面是主席对海外中国人的关切。"

7 月 18 日,周恩来总理在人民大会堂安徽厅宴请杨振宁夫妇和杜聿明夫妇。

杜致礼和总理开玩笑说:"总理呀,你们还是重男轻女,杨振宁是安徽人,酒宴就设在安徽厅,我可是陕西人哩!"总理听后哈哈大笑起来,大家都笑了。

5. 面对种种压力

作为一名世界著名的物理学家,一位诺贝尔物理学奖的获得者,杨振宁的一举一动都会受到世人的瞩目。特别是在中美相互对峙几十年,关系还没有解冻的情况下,身为美籍华人的杨振宁多次回国访问、讲学,更成了人们关注的焦点。

杨振宁1971年回国访问,在中国人的眼里,这是一件了不起的壮举,是他爱国爱家的表现,人们对此给予了很高的赞誉。

《中国大百科全书·物理学Ⅱ》这样记载:"杨振宁于1971年夏访问中华人民共和国,是美籍知名学者访问中国的第一人。"

著名科学家周培源不止一次地赞扬杨振宁是"一位爱国的科学家! 他是第一个回国访问的美籍科学家,在这一点上是任何人不能与他相比的"。

和杨振宁共事20多年的聂华桐教授说:"杨先生1971年第一次回国访问回到美国之后,他对中国的情形作了很多报告,由于他的名望和地位,他的作风和为人,他的演讲和报道在美国社会起了很大的作用。在当时中美关系还没有解冻的情况下,他这样做是担了相当大的风险的,但他认为正面报道中国在各方面的许多发展是他的义务。"

是的，杨振宁第一个回国访问，确实是担了很大的风险。他的行为，引起了一些对中国抱有敌对情绪的人的怀疑和不满。

一天，杨振宁刚从中国回到美国，他的办公室里就来了几个陌生人："杨先生，我们是美国联邦调查局的，想请你谈谈你到中国所做的一些事情。"

听到这里，杨振宁已明白了几分，他怒不可遏，义正词严、理直气壮地回答说："在中国，我的父亲、母亲、弟妹们——我的亲属都在那里，我的许多朋友在那里，我想念他们，所以我要去看望他们……这并不触犯美国的法律！"

"杨先生，别误会，我们是例行公事，没有别的意思。"在这以后，联邦调查局的人又多次找他，但始终是一无所获。

台湾当局更是不甘寂寞。

早在1958年9月，当杨振宁的岳母曹秀清在台湾申请去美国看望女儿女婿时，从来对她不管不问的蒋介石却派车把她接到官邸。刚进会客厅，蒋介石夫妇就进来了，热情地握手倒茶让座。蒋介石先问了曹秀清的情况，接着又仔细地询问杨振宁的情况。蒋介石说："杨振宁和李政道获得诺贝尔物理学奖，为国争光。李政道的母亲在台湾，杨振宁的父母都在上海。你这次到美国去，凭着岳母的关系，要争取杨博士为党国效劳。"当听到曹秀清说争取要杨振宁"回来看看"时，蒋介石微微笑了，连连点头说："很好，很好！"

可是现在,杨振宁不仅没有回到台湾"为党国效劳",反而一次又一次地回到大陆,并在美国宣传了新中国的大好形势,说了共产党许多好话,这不能不引起台湾当局的极大不满。他们通过各种渠道搜集杨振宁的活动情报。

台湾中共研究杂志社对杨振宁的大陆之行极为关注。在1973年的《中共年报总目》中特别提到杨振宁,记录了杨振宁3年内4次去北京的详细情况,有时间、地点、行程、会见的人、发表的演讲等等。

杨振宁的回国访问,也引起了当时苏联当局的惊恐和不满。杨振宁在《中国现代化及其他》一文中,曾直言不讳地阐明自己对苏联国策的看法,这篇访问记录最后是这样结尾的:"你问我苏联是否对中国有侵略性,人们应当信中国的话还是信苏联的话,我想只要你阅读一下这一类书,马上便会信服:苏联是世界上最具侵略性的国家之一,而且它是最危险的国家。"这些话触到了当时对中国有敌对情绪的苏联当局的痛处。

1979年5月苏联的《苏联文集周报》,攻击污蔑杨振宁是"中国派去美国的第五纵队之首"。

面对种种污蔑和攻击,杨振宁没有被吓倒,没有退缩,他比以前更加关心自己的祖国,真正担负起了建造中美交流的桥梁的重任。

6. 义不容辞的责任

　　1977年2月27日的《纽约时报》上,刊登了一个全页广告启事,启事的题目是:《致美国卡特总统的公开信》。这封信在美国的华人中引起了强烈的反响。原来,杨振宁以"全美华人协会"负责人的身份与别人一起共同发起成立了"全美华人促进美中邦交正常化委员会",这是他们为了扩大影响,花8000美金刊登的广告启事。

　　全美华人促进美中邦交正常化委员会由四个分会组成:华盛顿委员会、北加州委员会、南加州委员会、纽约委员会。杨振宁担任纽约委员会的主席。

　　杨振宁积极地为中美关系正常化而奔走。每年的《上海公报》签字纪念日,杨振宁等都要在美国各重要报纸上刊登大幅广告,呼吁美国当局要遵守《上海公报》的诺言,并组织游行示威活动,还在电台、电视上发表谈话,到美国各地去演讲,向人们讲述美中关系正常化的重要性。

　　作为全美华人协会主席,杨振宁还经常为促进美国华人的团结而奔忙。在美国,凡是华人集中的地方,人们称之为"中国城",在纽约、旧金山、洛杉矶等地都有"中国城"。这里的人们大多是以前到美国做苦工的劳工的后代,主要从事商业。这些人生意做得很好,很能吃苦,很能赚钱,但他们文化水平不高,特别令人头痛的是他们不团结,经常发生纠纷,为了财产,为了房屋,甚至为一些鸡毛蒜皮的小事就要吵嘴打架。每当出现这种情况,人们便会想起杨振宁,请他去评理,去调解,杨振宁总是花很大的精力很耐心地去解决这些矛盾,尽量使这些华人团结起来。

此外,发生在美国的一些奇怪的事情也引起了杨振宁的深思。

全美国居住在中国城的人口占总人口的 1/250。1980 年,民主党在竞选时,8% 的经费是从中国城来的,但是竞选结束后,华人一点好处也没有得到。

在美国的众议院和参议院里没有华人的席位,日本血统的有两人是参议员,两人是众议员,而日本人在美国的人口没有华人多,他们对美国的贡献也没有华人大。

在美国国家科学董事会里,有波兰人,有黑人,就是没有华人。

每当想起这些,杨振宁心中就感到不安。他多次呼吁:"我们中国人应该团结起来,应在政治上争取平等权利,争取席位,应该为民族争利,争光!"

为了给华人争取地位,杨振宁庄重地说:"假如有一天,我能被选上参议员,我也干!"

美国特拉华州副州长吴仙标,是一位美籍华人,他竞选州长成功,其中还有杨振宁的一份功劳。

吴仙标原是特拉华州立大学物理学教授兼校董事。1984年,吴仙标为了给华人争取最大利益,决定走出实验室,步向政坛。他正式宣布竞选特拉华州副州长。

听到这个消息,杨振宁高兴万分,他立即发起组织了一个支持吴仙标的委员会,为吴仙标的竞选做了很多工作。对于这些,吴仙标念念不忘。

1986年的春节来到了,纽约长岛华人社团举办春节联欢会,邀请一些知名人士前去参加。这是一个大雪纷飞、天寒地冻的日子,但联欢会却开得非常热烈,这些黄皮肤黑头发的同胞们在一块儿尽情地交谈,尽情地联欢。谁也没有想到,远在200多里外的吴仙标和他的夫人也顶风冒雪驱车赶来参加聚会。他们一进门,全场响起了热烈的掌声。吴仙标高兴地走到杨振宁面前,拉着他的手说:"杨教授,新年好!请给我介绍介绍这些朋友好吗?"杨振宁站起来,把到会的人一一介绍给吴仙标,并向大家介绍说:"吴先生是目前在美国政治地位最高的华人……"没等杨振宁说完,吴仙标立即抢着说:"我竞选成功,得到杨振宁教授很大支持!"话音刚落,掌声和笑声响成一片。

杨振宁认为,在美国的中国血统的人应该团结起来,给美国社会更大更多的影响,应该为自己争得公平的地位。

八

　　杨振宁的心中烧着一团火，一团对中国、对中华民族充满关怀之情的炽热的火！

　　大到国家某项工程的上马、科技人才的培养，小到某个人学业的选择、专业的发展方向，无不牵动着他的心，引起他的极大关注。

1.60 岁生日

　　寒来暑往中，杨振宁的 60 岁生日来到了。60 岁，是人生的秋天，也是收获的季节。

　　美国学术界有个惯例，一些有成就、有声誉的学者在过生日或退休时，都要出一本庆贺集。具体的做法是由他的同行每人拿出一篇论文，汇成集子出版。可是，每个人都不会拿出自己最好的论文，因为好的论文都想在最具权威性的期刊上发表，所以这样的庆贺集收入的文章在质量上是很难保证的。

杨振宁经过认真考虑,决定打破惯例,选用自己过去发表的论文,出版一本庆贺集,他觉得这样会更有意义。

不久,《杨振宁论文选集》出版了。这本选集收集论文70多篇,占他1944至1980年所发表的论文的1/3左右。

在这本选集的前言中,杨振宁引用了杜甫的"文章千古事,得失寸心知"两句诗,表达了他读书研究40年来的万千感受。

在这本集子里,还选登了25幅很有意义的照片,有父母、老师、同事、朋友,从中可以看出他个人成长的过程。

在后记里,写出了每一篇论文发表的年代、当时的一些过程和生活情景,反映了他在不同时期的经历和想法,使人读后感到特别亲切。

1982年9月22日,来自各地的科学家和朋友们早早来到了石溪分校,大家聚集在一起,庆祝杨振宁的60岁生日。

这一天,杨振宁显得异常高兴,他开始作生日演讲。会场里挤满了人,连会场外面也站了很多人。

演讲结束了,一些学者和留学生们还围在杨振宁的身旁不愿离去,他们喜欢听杨教授谈古论今,觉得和他交谈是一件非常轻松愉快的事情。

"杨先生,您认为中国落后的原因是什么?"一位研究生向杨振宁提出了问题。对于这个问题,杨振宁也多次考虑过,因此,他稍微沉思一下,就用三言两语把这个问题讲清楚了。

接着,杨振宁向大家提出了一个问题:"现在,日本经济发展很快,你们说他们的秘诀是什么?"大家面面相觑,不知如何回答。

杨振宁接着说:"认真!我给你们讲一个故事:我见到过一个做牛仔裤的香港商人。他告诉我他有一次有一个新生意,要找大工厂合作。他先见到一个美国人,美国人听完他的介绍后问:'这样做出来的牛仔裤能赚多少钱?'这位商人又见到一位日本人,日本人则问道:'你这技术是否真正好?'美国人开口就是钱,而日本人在技术上则是认真,追求精益求精。现在大家都看到,日本的许多产品几乎占领了世界市场,从汽车、电视机、冰箱、录像机、摩托车,小到钟表,几乎样样比美国做得好。"

…………

夜已经很深了,他们的谈论仍在继续。

2."我叫杨振宁"

80年代以后,大批中国的优秀学生纷纷出国留学,这成了改革开放的一大景观。但是有些学生认为,只要能出国,到什么样的学校,学习什么专业都无所谓。看到这些,杨振宁十分担心。

一天,杨振宁在香港讲学,外出办事,乘了一辆计程车,司机是一位中年女士。路上,他们攀谈起来。

"啊!你的普通话讲得很好!"杨振宁在听到司机一口流利标准的北京话后不禁赞扬道。

"我 50 年代在北京念的中学,是后来移居香港的。先生,请问你是做什么工作的?"

"我是物理学教授,住在美国。"

司机听到这里,不禁回头看了一下,然后恳切地说:"先生,我有个问题想请您帮我出出主意。我的儿子原在广州念中学,去年考入复旦大学物理系。他的同班同学都想出国,他也想出国。但是,通过 CUSPEA(中美联合培养物理类研究生计划)出国的,每年只有七八位。虽然他在中学时成绩优秀,名列前茅,可是进复旦大学后,发现竞争激烈,他觉得自己没有希望通过 CUSPEA 出去,因此很苦恼。他自己写信去美国,通过美国的一个机构联系了一个大学,但需要花七八万港币。先生,您看这事情应该怎么办?"

杨振宁想了想,又详细问了一下她儿子的情况,然后说:"你所说的美国的这所大学的名字我没有听说过,可以肯定不是一个很好的学校。我认为复旦大学要比那所大学好,应该在复旦上完大学后再去美国念研究生。这样吧,我给你儿子写个条子吧!"

车很快就到了目的地,杨振宁立即拿笔写了一个条子,上面

写着:

> 我叫杨振宁,我有两点看法。
>
> 一、复旦大学是第一流的大学,你在复旦念的物理较美国任何大学本科念的物理,可以说只会好些,不会差些。
>
> 二、你在复旦毕业后,许多美国大学会接受你做研究生的,并提供助教位置,不管你是公费去还是自费去的。因为复旦在美国是有名气的。
>
> 我认为这是你学物理最好的道路。现在急急忙忙随便进一个大学,对你一点好处也没有。

司机接过条子一看,大吃一惊,简直不敢相信自己的眼睛,眼前站着的竟是世界著名大物理学家杨振宁!

"啊!是您!杨教授!谢谢!谢谢!"女司机激动得说不出话来,是感激,还是敬佩,她也分不清了。

3. 真诚的建议

1972 年,杨振宁第二次回国访问时,听说中国正在考虑建造高能加速器,对这件事,他感到忧虑。

杨振宁找到有关人员,坦率地表明:根据中国当前的实际情况,建造大型高能加速器的时机还不成熟。

1973 年,全国有关单位和专家们在北京香山召开了高能加速器建造方案讨论会,会上提出了许多方案,最终不了了之。

1976 年,"四人帮"倒台后,又开始论证高能加速器方案。经过多方论证,方案最后定了下来。这个工程命名为"八七"工程,计划在 1987 年建成。

听说中国要兴建 50 亿电子伏的大型加速器,杨振宁大为吃惊。建造这样大型的高能加速器,是一项很庞大的精密工程,需要大量的资金,而中国刚刚经过十年动乱,经济处于崩溃的边缘,人民生活十分贫困,根本难以完成这样庞大的工程。杨振宁考虑再三,又一次向有关领导提出了自己的意见。可是,他的意见仍然没有被采纳,"八七"工程还是匆匆上马了。

在这以后不久,杨振宁的忧虑得到了证实。1980 年,由于国民经济调整,"八七"工程下马了。

1982 年,国家正式批准建造一台 2.2GeV 正负电子对撞机,这个对撞机建成后,可以一机两用,一方面可以进行高能实验物理,另一方面,利用贮存环的同步辐射光可以为国民经济应用做很多工作。

杨振宁对这个方案表示赞同,他特别支持同步辐射的应用。他主动向中国科学院高能物理研究所领导表示,愿意协助培养研究同步辐射的科技人员。

从 1984 年起，一些科技人员到美国学习，从事同步辐射光束线设计、实验站等工作，在费用上得到了以杨振宁为主席的 CEEC（中国学者访问项目）的资助。

CEEC 是 1980 年杨振宁在石溪纽约州立大学发起组织的，主要是资助中国学者来这里进修。资金是杨振宁出面向美国和香港的企业家们募捐得到的。

4. 善意的劝告

在接受 CEEC 资助的科技工作者中，有一个叫舒德明的，提起他到美国学习一事，还有一段小故事呢。

舒德明的父亲是一位高级工程师，曾两次被评为上海市先进生产者。"文化大革命"中，他被打成资产阶级反动学术权威，受到了批判。不久，舒德明大学毕业了，学的是飞机设计专业，当雄心勃勃的他正准备为祖国的航空事业大显身手的时候，却因为有个资产阶级反动学术权威的父亲而受到牵连，被下放到陕西一个偏僻的小镇，在农业机械厂当工人。

中国科学院计划建造大型加速器，决定从全国挑选优秀的科技人员。1980 年舒德明很幸运地被调到中国科学院高能所工作。从一个小镇的农业机械厂调到北京的高能所，这是舒德明做梦都不敢想的事情，他非常珍惜这样的工作机会。

1984 年，杨振宁主持的 CEEC 决定资助高能所的科技人员去进修，舒德明又幸运地成为第一批接受 CEEC 资助的科技人员之一。

接到通知，舒德明高兴万分，能出国进修，能到杨振宁教授那儿去学习，这机会是非常难得的。

舒德明刚到美国，不顾旅途的疲劳，也顾不上观赏异国的风光，就怀着激动的心情去拜见杨振宁教授。

一见面，杨振宁就详细地询问舒德明的情况："你在国内从事什么工作？"

舒德明把自己的工作经历向杨振宁作了汇报。他以为杨教授听后一定会鼓励他好好学习，将来好好地工作，没想到，杨振宁听到他是从一个机械厂调出时，坦率地说："我认为，你不应该到高能所去，你应该留在工厂里工作，这样也许对你更好些，对中国的贡献更大些……"

对高能事业怀着满腔热情的舒德明听完这话，顿时像被当头浇了一盆冷水，半天说不出一句话。

杨振宁接着说："你真的喜欢搞高能加速器吗？中国有许多事情可以做，你为什么不选择有经济效益的工作做呢？"

这个问题太意外了，性格内向、不善言辞的舒德明思想上毫无准备，他一时不知说什么好，闷闷不乐地离开了杨振宁的办公室。

舒德明回到自己的宿舍,对杨振宁的话一点也不能理解。夜已经很深了,校园里宿舍的灯全熄灭了,他躺在床上,久久不能入睡,一个问题一直在他脑海里萦绕:杨先生为什么不支持鼓励我从事高能事业呢?

转眼间,舒德明来美国已经几个月了。在这一段时间里,他学习工作都非常努力,和美国科学家们合作得很好,还帮助他们解决了不少技术难题,得到了大家的一致好评。

杨振宁一直在关注着舒德明的学习和工作情况,他了解到这一切后,非常高兴,立即打电话给舒德明:"你好! 知道你在那里工作得很好……我希望你回去之后,能去从事与国民经济密切相关的技术研究工作……"

后来,经过一段时间的接触,舒德明又阅读了杨振宁的一些文章,才真正地理解了杨振宁。杨振宁心中充满了对中华民族的无限深情,牵挂着中国的国民经济,希望看到中国经济的腾飞,所以,他才多次劝舒德明去做一些与国民经济相关的工作。从此,舒德明再也不把那次谈话放在心上了,他对杨教授充满了敬意。

在杨振宁的关怀下,舒德明顺利地完成了在美国的学习,回到祖国后为中国的同步辐射实验室建设做了很多工作。

5. 北京大学的名誉教授

1954 年杨振宁与米耳斯的规范场理论,是一个划时代的发现,被公认为 20 世纪最伟大的理论结构之一。为了纪念杨振宁和米耳斯的功绩,1984 年 12 月,中国科学界在北京举行隆重的纪念活动。

12 月 21 日上午,纪念大会在北京科学会堂举行。中国科学院副院长周光召主持会议,著名物理学家周培源在会上作了热情洋溢的讲话,他十分动情地说:

> 杨振宁教授是一位热爱祖国的科学家……他几乎年年回国,每一次都给我们提出许多建议,他是祖国的忠实儿子,是一个爱国主义者……

接着,杨振宁和米耳斯作了简短的讲话。杨振宁为了表达他对中国科学家的感激之情,把珍藏多年的 1954 年发表的那篇论文的影印本送给了大家。当周光召从他手中接过影印本时,会场响起了热烈的掌声。

纪念活动结束了,杨振宁被请到北京大学,原来,北京大学要聘请他为名誉教授。听到这个消息,杨振宁高兴万分,北大对他来说,真是太熟悉、太亲切了。

授聘仪式在北大礼堂举行,整个场面热烈而隆重。杨振宁怀着激动的心情作了演讲,他深情地说:

我是在北大校园旁的清华园里成长的。现在的北大校园那时是燕京校园,在这里,我曾在未名湖上溜过冰,在体育馆里看过球赛,朗润园、燕东园都是我童年时常去玩的地方。今天受聘为这个学校的名誉教授,对我自然有特别的感受。

北大的教师中,有我的老师、我的大学和中学同学,半个多世纪的千丝万缕的关系,更增加了今天这个仪式对我的意义。

尤其重要的,北大是五四运动的发源地。那是中华民族史上伟大的一页。受聘为北大的名誉教授,是我的光荣。

…………

近年来,西方观察者几乎一致认为,中国是一个有无比潜力的国家。21世纪可能是中国的世纪。

潜力在哪里?在中国人身上,在年轻人身上。同学们,就在你们身上。在这个伟大的时代里,在这个有重大历史传统的高等学府里,请不要忘记你们就是中国的无比的潜力。21世纪是不是中国的世纪,就要看你们的努力。

杨振宁充满激情的讲话赢得了全场一阵阵热烈的掌声。

6. 亿利达青少年发明奖

1985年3月1日,上海《文汇报》刊登了一条引人注目的消息,正标题是《京沪将设"亿利达青少年发明奖"》,副标题是《刘永龄先生出资,杨振宁博士任评委名誉主任》。

"亿利达青少年发明奖"是杨振宁和香港亿利达工业发展集团有限公司董事长刘永龄先生一起设立的。

刘永龄先生原是上海人,70年代移居香港。他刚到香港时,身边只有20美元,他凭着自己的聪明才智和勤奋努力,有了自己的企业,他的亿利达公司越办越大,他成为拥有一亿资本的大企业家。刘永龄的内心深处,有一个愿望,就是希望能对祖国、对民族做点贡献,但一直没有机会。

许多年以来,杨振宁对中国现行的教育制度很有看法。他觉得,现行的教育制度把学生限制在一个很狭窄的范围内,不利于发展一个人的爱好和兴趣。杨振宁曾举过费根鲍姆的例子:

费根鲍姆读书时,并不是一个好学生,学习成绩不好,他唯一的爱好是玩电子计算机,为此,他多次受到老师的批评和家长的指责。美国的教育制度有一个特点,学生只要所学科目及格,就可以尽情地做自己喜欢的事。费根鲍姆从麻省理工学院毕业后，到康乃尔大学搞了几年的研究，仍然成绩平平。但他最后终于找到了自己的位置，他选择混沌现象中的湍流问题，没日没夜地进行研究计算，终于得到一个"费根鲍姆数"，这是个很了不起的贡献，也许有一天，它会成为像圆周率 π 那样重要的一个常数。

费根鲍姆的成功，给人们一个启示，一个人在学生时期也许并不是各门功课都很优秀，但只要他有自己的兴趣点，并真正下功夫研究，将来是会成功的。如果当年学校和家长纠正了费根鲍姆的爱好，他的成绩可能会好一些，但就不一定会有"费根鲍姆数"了。

杨振宁举这个例子的意思，是告诉人们，如果过分强调书本知识，会扼杀许多年轻人的才智。

那一年，杨振宁到香港大学讲学，和刘永龄先生相识了，很快两个人成了好朋友。

有一次，两个人在一起交谈，在谈到内地的教育问题时，杨振宁皱起了眉头，说出了自己的忧虑："一些考试成绩好、动手能力差的学生考上了大学，而有些不太重视书本知识但很有作为的青少年却被高考卡在了大学门外，这是一个令人担心的问题。应该在中国设立一个奖金委员会，鼓励青少年在发明创造上的积极性。"

没等杨振宁说完，刘永龄马上表示同意："你的想法很好，这为我提供了一个报效祖国的机会，我愿意出钱设立一个'发明奖'。"

接着，两个人开始筹备这件事。可是，这个奖金委员会以什么来命名呢，两个人的意见有了分歧。

很久以来，刘先生一直仰慕杨振宁的大名，因此，他首先提议："你是世界闻名的科学家，这个奖就叫'杨振宁青少年发明奖'。"

杨振宁坚决不同意："在国外，对奖励基金，凡是捐钱的个人或机构有权用自己的名字来命名，如诺贝尔奖等。中国现在正进行现代化建设，资金短缺，我们希望今后有更多的人捐钱帮助中国经济发展，所以一定要用你或你公司的名字来命名。"刘先生最后同意了杨振宁的意见。

就这样，杨振宁建议创办的，刘永龄先生资助的"亿利达青少年发明奖"在上海建立，委员会委托清华大学、上海交通大学主持北京、上海两地的评选工作。

上海有一位学生，平时喜欢小发明小创造，高考时差 12 分而落榜，但他设计的"多层吸收太阳能热水器"却具有一定的实用价值。这位学生因此获得了"亿利达青少年发明奖"，杨振宁亲自为他颁奖。后来，上海大学工学院无线电系破格录取了他。

1989 年，这个奖的评选活动扩展到江苏、浙江两省。

现在，"亿利达青少年发明奖"在全国已有了相当的知名度，它对鼓励青少年发挥创造才能、培养动手能力起了很大的推动作用。

7. 隆重的颁奖大会

建立"亿利达青少年发明奖"的第二年，杨振宁又来到香港，和刘永龄先生商议建立吴健雄物理奖和陈省身数学奖的事。1986年4月，这两个奖正式设立。

设立这两个奖的目的，是为了纪念优秀的炎黄子孙在科学事业上的伟大贡献，鼓励中青年科学工作者努力学习工作，为人类做出较大的贡献。

1987年4月18日，吴健雄物理奖颁奖大会在北京大学举行。

吴健雄，因为她在验证"宇称不守恒定律"中所做出的贡献，也因为她在这前后所取得的一些重大研究成果，全世界的物理学界对她都推崇备至。她被誉为"国际物理学界女强人""中国的居里夫人""核子物理学的首席女物理学家""物理女王"等。

这天下午，北京大学电化楼礼堂座无虚席，一片欢腾。年轻的大学生们怀着十分崇敬的心情恭候在这里，他们早就仰慕这

九

　　他是一位举世闻名的大科学家,可是,他却以自己是一位物理教师而引以为荣。

　　几十年的教育生涯,使他积累了丰富的经验,他对中国的教育、人才的培养,都有许多独到的见解和精辟的论述。

1. 中国要有自己的爱因斯坦

　　杨振宁的读书经历大部分在中国,研究经历大部分在美国,他对两种不同的教育方法进行了比较。

　　杨振宁认为,中国的教育和西方的教育不同。中国的小学、中学、大学和研究生院的教育一直很重视基础性教育,学校培养了许多非常努力、训练有素、基础也很扎实的学生。他们到国外留学,考试成绩往往名列前茅。利用中国传统方法训练出来的学生,不光从中国出来的,从日本、朝鲜、新加坡出来的学生,都很会考试。会考试看起来是一件占便宜的事情，但实际上，一个人太会考试了，就会产生一种观点：反正知识都是别人已经做好的，我一个个学习就行了。如果再问他为什么要这样做，他一定回答不出来。这些考试成绩很好的学生动手的能力是很差的。

造成这种情况的原因，是分数与学生的前途息息相关，学校、家长和社会把分数看得太重。这种以分数论英雄的态度，压抑和摧残了一些天才人物。比如，像爱迪生、爱因斯坦这样的科学家，小时候在学校并不是很优秀的学生，如果他们生在中国，很可能连中学也考不上，更不要说上大学了，所以这种体制可能使我们失去了我们的爱因斯坦。

杨振宁曾讲过一个他和儿子的事例。他的儿子生在美国、长在美国。"还在他上中学的时候就可以清楚地看到他将成为一名出色的实验家。当我们俩一起做一些具体工作时，我才清楚这一点。一天，我们停车房的门推手坏了，那时，我儿子将近15岁。于是我们俩爬上梯子想查看一下停车房顶部的装置哪里出了毛病。我们刚爬到那儿，他便说是一个小轮齿错位了。我问：'你怎么知道的？'他不能告诉我，只是耸了耸肩。但是我们在那个地方忙活了一阵就修好了。这件事表现出他对小实验发明的知解力，而我却没有。我当然比他要老练多了，但是在这方面他更富有洞察力。"

美国的学生虽然没有经过严格的训练，考试成绩不太好，却有一种天不怕地不怕的创新精神，专门爱想新东西。他们常常在乱七八糟之中把知识学了进去。如果和他们交谈就会发现，许多优秀的学生，他们的知识体系中的漏洞很多，正确的和错误的纠缠在一起。但这并不可怕，他们照样成才。美国的教师鼓励学生提问，就是最了不起的权威，美国学生也敢提出怀疑。他们在学习中，还善于接受和发展那些有价值的东西，摒弃那些过时的东西，这样，他们就会获得迅速的进步。

中国的学生在学习中是全盘接受，不习惯于思考，更不习惯于怀疑和考证。他们以拥有丰富的知识而自豪。他们胆子比较小，不敢走新的路，如果有一位专家说这事情应该怎么做，中国学生就不太敢说："不，我不相信你说的，我要自己独立思考。"

那么，中国的传统教育方法是不是一无是处呢？杨振宁不这样认为。他认为认真地、扎实地打下基础，对学生是大有好处的。因此，杨振宁主张美国的学生应该多学一点中国的传统，中国的学生应该多学习美国学生的学习方式。

杨振宁对中国教育的未来还是充满信心的，他说："中国经济的发展也必然会带来教育方式上的一系列变革。总有一天，中国也会出现自己的爱因斯坦。"

2.不要轻易放弃一个闪念

杨振宁从自己的研究经历中,得出了一个结论:如果你有了一个原始的想法,就值得去研究,即使这个想法不是可以发展的,也不要轻易放弃。但不要冥思苦想,想过一两天,实在没有头绪,就可以换个问题去想,随着时间的推移,这个想法可能会获得成功。

杨振宁在和研究生的一次座谈中,讲了一个十分有意义的故事。

那还是在他做研究生时,他就产生了一个关于规范场的想法,可是这个想法发展了一两天就发展不下去了。又过了半年、一年,觉得这个想法很好,又接着去想。直到1954年,终于产生了令人关注的"杨-米耳斯规范场理论"。

杨振宁还举过这样的一个例子:40年代后期,在普林斯顿,他有一位同事叫布鲁克纳。有一天,布鲁克纳提出了一个想法,杨振宁当时很感兴趣,就认真地和他讨论起来。但令人失望的是,杨振宁向他提出一个问题,他第一天这样回答,第二天又那样回答,他理不出一个头绪来。三天以后,杨振宁肯定地对他说:"你这个想法是完全错误的!"但事实证明,杨振宁错了,因为后来有人考察了布鲁克纳的观点,发现在这一片混乱的思想当中,有些想法是极为重要的。那些想法被清理出来并加以证实之后,最终成了一项重大的成果。

所以,杨振宁认为,在做学问时,既不能轻易放弃一个闪光的念头,又不能老是在那里打转;既不能轻易放弃原来的见解,又要能解脱自己,把注意力暂时转移到其他地方去。有些问题,一时无法找到答案,但随着时间的推移,它很可能是一项了不起的发现。

3. 不要急求助长

秋天来了,校园里的各种树木渐渐退去了耀眼的绿色,变得一片金黄。这一派绚丽灿烂的秋景,显示出成熟的繁荣。

杨振宁踏着地上的落叶来到了自己的办公室。办公桌上照例是一沓厚厚的来信,一封来自马来西亚的信引起了他的注意:

> 尊敬的杨教授,今天冒昧地给您写信。我的儿子罗章雄自幼聪敏过人,人们称他是天才少年。今年他刚刚 12岁,已经高中毕业,我希望他能到美国去深造,也希望能得到您的帮助。

这封信是一位姓罗的华裔学者写来的。读着这封来信,杨振宁仿佛看到了那位父亲企盼的目光。对于天才孩子的教育问题,在这之前,杨振宁已考虑过多次,他觉得这是一个非常重要的问题。这封来信又引起了他对这个问题的思考,杨振宁陷入了沉思。

他想起了曾被称为天才少年的世界著名数学家诺伯特·维纳(Norbert Wiener)的成长经历。Norbert Wiener 是 20 世纪一位大数学家,他在很小的时候就显露出过人的才智,十几岁就在哈佛大学毕业了。他的父亲是一位教授,对天才的儿子抱有极大希望,对儿子的教育非常严格,施加了很大的压力。Norbert Wiener 没有辜负父亲的期望,后来成了世界著名的大数学家。但令父亲感到失望的是,他虽然在数学方面才智超人,但在其他方面却很不成熟,是个低能儿,并对自己的父亲表示极度的不满。

Norbert Wiener 在中年时写了一本自传《我曾经是天才》,记述了自己成长的过程,也记述了他在大学读书时那些天才同学后来的生活道路。从这本书中可以看到,那些少年天才后来的生活大多极不顺利,还有的人竟走上了自杀的道路。这本书中,他还多次流露出对父亲的不满和强烈的逆反心理。

杨振宁又想起了自己的青少年时代。自己从小也是聪慧过人,在学校学习成绩非常优秀,父亲也是一位数学教授,但他没有像 Wiener 的父亲那样对儿子施加压力,而是注意培养儿子各方面全面发展。直到现在,杨振宁从内心深处佩服自己的父亲,是父亲把自己引上了成才的道路。

想到这些,杨振宁的眉头皱了起来,他意识到了问题的严重性,打算给这位天才的父亲写一封回信,阐明自己的看法。

不久,杨振宁给这位马来西亚的罗先生写了一封坦率又诚恳的回信。在信中,他介绍了大数学家 Norbert Wiener 的故事,也回顾了自己的成长过程,并建议罗先生读一读《我曾经是天才》一书。在信的最后,杨振宁语重心长地劝罗先生:

> 让章雄像正常孩子那样地成长……不要过于急迫给他施加压力学数学或其他科学,因为人生是多方面的,我认为最主要的是在这个年龄要让他在心理上、学习上平衡发展……

> 我还认为,在报纸上过多宣传他的事迹可能对他的将来产生不好的影响,因为这样会产生一种无形的强制性的压力影响他今后的发展,这是很危险的……

> 罗先生,概括地说,对章雄急求助长我看不出来有任何好处,而我看得出来可能很有危险。

十

　　杨振宁说过:我是一个物理学家,一个美国人,同时又是一个中国人,科学没有国籍,但是科学家有祖国。

　　太平洋不能阻隔他对祖国的亲情。几十年来,他对祖国的爱,对祖国亲人的情谊,感动着他周围的人们。

1.接待来自远方的同胞

　　中美关系改善之后,两国的科学家也开始了来往和交流。杨振宁积极创造条件,让更多的中国学者有到美国进行访问和学习的机会,并为他们提供各方面的帮助与方便。

　　1973 年,国际高能碰撞会议在美国纽约石溪召开,作为东道主,杨振宁首先想到了自己的祖国,想到了祖国的同行们。他亲自向中华人民共和国的学者发出了邀请信。

　　接到来自大洋彼岸的邀请信,中国的学者们简直有点不敢相信,到一直被中国人称为"帝国主义"的美国去参加会议,对当时的中国人来说,是件不可思议的事情。

第一次派学者到美国参加学术会议,这可是件需要慎之又慎的事情。经过各方面的比较,最后挑选了汪容、高崇寿、李炳安三个人,组成了中国代表团。

起程的日子到了,三个人怀着既兴奋又不安的心情,飞向大洋彼岸,飞向那个陌生又神秘的地方。中国科学家们终于走出了紧闭的大门,开始向世界眺望。

飞机缓缓地降落在机场,汪容一行刚刚走下飞机,就见到了专门来机场迎接他们的杨振宁教授。

"欢迎你们,旅途辛苦了!"杨振宁快步迎上前去,和他们一一握手。在这异国他乡,听见这熟悉而亲切的话语,三个人顿感一股暖流流遍了全身。

汽车在美丽的长岛上平稳地行驶,杨振宁不停地给中国代表团介绍着沿途的风景。

住地到了,杨振宁又跑前跑后为他们安排住处。接着,他又领来三个人:"我来介绍一下,这三位来自台湾,他们对这里都很熟悉,你们如果有什么困难,就请他们帮忙。"

"愿意为你们提供服务。"三位台湾朋友非常客气地说。

直到一切安排妥当,杨振宁才准备开车离去。"杨教授……你……"看到杨振宁就要走了,汪容似乎有话要说,又不好意思说出口。

"汪先生,还有事吗?"看到汪容忧心忡忡、欲言又止的神情,杨振宁认真地问。

看到杨教授那亲切的面容,汪容把自己一直在考虑的问题提了出来:"按照预定计划,我们参加完会议后,要到芝加哥参观美国国立费米实验室。杨先生,您能不能派一位研究生陪我们一起去芝加哥?"

听完这番话,杨振宁不禁哈哈大笑起来:"没有问题,我会安排的。好啦,你们休息吧,明天早晨我来接你们。"

夜已经很深了,中国代表团的成员们久久不能入睡。团长汪容躺在床上,还在回味着刚才向杨教授提出的要求。是啊,在他的想象中,曾被称为帝国主义的美国对中国人一定是仇视的,去芝加哥会不会有危险呢?可是从今天踏上美国土地的那一刻起,直到刚才闭灯睡觉,短短的十几个小时,他们受到了热情的接待。热情、友好的美国朋友给他们留下了深刻的印象。想到这里,他的一切疑虑都烟消云散了。

第二天一早,杨振宁按时来到了这里。汪容见到杨振宁的第一句话就是:"杨教授,不必再麻烦您派研究生一起去芝加哥了,现在我们已有足够的信心自己前往芝加哥,相信不会有什么麻烦的。"听到这里,杨振宁高兴地握住了汪容的手:"衷心祝愿你们的访问一帆风顺!"

可是有一天,发生了一件事,使大家虚惊一场。那天上午,会议正在进行,细心的杨振宁发现高崇寿先生不见了,他立即吩咐大家分头去找。可是,所有他可能去的地方都找遍了,仍不见高崇寿的影子。"他会到哪儿去呢?会不会迷了路摸不回来呢?"杨振宁皱紧了眉头。

时间在一分一秒地过去,仍不见高崇寿的踪影,杨振宁急得不停地来回踱步,头上已渗出细小的汗珠。也不知过了多长时间,高崇寿突然出现在大家面前,看见大家都在为他着急,他不好意思地笑了:"我听说昨天的报纸上刊登有中国代表团成员的照片,我就步行到火车站附近买报纸去了。"

看见高崇寿回来了,杨振宁悬着的心放了下来,不住地说:"回来就好,回来就好!"

2. 对一位普通教授的牵挂

美国之行,给北京大学物理学教授高崇寿留下了美好的印象。美国朋友的热情好客,杨振宁教授的关心和帮助,一直令他感动不已。

机会又来了。1980 年,高崇寿又一次踏上了美国的土地,到美国西部斯坦福作学术访问。刚到美国,他就和杨振宁取得了联系。

一天,高崇寿骑着自行车返回住处,在经过一段下坡路时,自行车失去控制,快速地向下滑去。突然,自行车锁链卷进了后轮,车子猛然停住,高崇寿毫无准备,巨大的惯性把他抛出了自行车,重重地摔在车道上,他顿时昏迷不醒,被送进了斯坦福医院。

高崇寿伤势十分严重,大脑受到严重挫伤,陷入了深度昏迷。美国医生为抢救高崇寿的生命,果断地为他做了开颅手术。远在美国州立大学石溪分校的杨振宁得知这一消息后,十分着急。他放下手头的工作,一次又一次地往斯坦福医院打电话,询问病情,托人关照一定要尽一切努力进行抢救。

经过医生们的全力抢救,高崇寿终于苏醒过来了。在静静的病房里,他收到了杨振宁寄来的慰问卡片,还收到了杨振宁委托别人给他购买的《爱因斯坦的为人》一书,希望他从这本书中汲取力量,战胜疾病,早日康复。看到这一切,不轻易掉泪的高崇寿感动得泪流满面。后来,高崇寿一直珍藏着杨振宁送他的这本书。

高崇寿的病情稳定之后,决定回国内继续治疗,但想到自己在美国的学术访问还没有结束,他感到十分的遗憾。国家有关部门领导答应他恢复健康后,再去美国继续他的学术访问。

一年的时间很快过去了。1981年,杨振宁又一次回到祖国访问。一到北京,他就关切地询问高崇寿的情况:"高崇寿先生现在身体情况如何?""他已奇迹般地恢复了健康。"杨振宁听后高兴地点了点头。一位闻名世界的大科学家,这样关心一位普通教授的健康,使高崇寿和其他科学家都很感动。

由于种种原因,高崇寿没有能再去美国,可是,杨振宁却把这件事一直放在心上。

1985 年,杨振宁特意邀请高崇寿先生再去美国访问,做 CEEC 访问学者,了却高教授的心愿,完成原定的学术访问计划。

3. 接受采访

1984 年的一天早晨,纽约市宾州火车站人山人海,一列列满载乘客的火车鸣着汽笛在这个车站开出开进。中国著名作家徐迟和记者洪蓝在第 17 站台登上了去石溪的火车。

12 点 15 分,火车缓缓驶入石溪车站,他们的目的地到了。一下火车他们就发现了两个熟悉的面孔,一位是他们此行要采访的对象杨振宁,另一位是他的助手聂华桐。

徐迟打量着眼前的杨振宁教授,这年他 62 岁了,但看上去要比实际年龄小得多,一双大眼睛闪着智慧的光,显得精干持重。

一阵寒暄过后,杨振宁把他们领进了车站旁边的一家中国餐馆。这家餐馆地方不大,但干净舒适。

四个人一边吃饭一边交谈，没想到一开始双方意见就发生了分歧。提起这次的采访内容，徐迟说："奥本海默曾经说过，原子物理高深艰奥，世俗经验无法理解，很难进入文史作品中。我对这话就不太服气。"杨振宁马上回敬一句："不服气也没有用，它就是高深艰奥。"徐迟仍然很自信地说："天下无不可理解的学问，只要能写出文章来，绝无读不懂的道理。"杨振宁听后笑了笑，就提起了别的话题，并劝两位客人努力加餐。

　　吃完饭，他们一块儿驱车来到石溪分校的物理大楼。走进杨振宁的办公室，一位金发碧眼的美国姑娘迎上来，杨振宁介绍说："这位是我的秘书托萍小姐，这两位是我的中国朋友。"

　　"你们好！欢迎你们！"托萍小姐是一位十分温和、端庄的美国人，她对每一位来自中国的客人都十分友好。杨振宁平时工作非常繁忙，前来拜访的人也很多，为了保证杨教授的正常工作，托萍小姐就像卫士一样挡驾不速之客。但只有一种情况例外，那就是如果有远道而来的中国朋友，她就会破例通报杨振宁教授。

　　他们刚刚坐下，托萍小姐就送来了一个蓝皮纸夹子，打开一看，是杨振宁的一些著作和论文，材料十分丰富。

　　徐迟坐在杨振宁办公桌的对面。这时候，他才注意到在杨振宁背后的墙上挂着三个镜框，里面有三个满头银发的大头像，都是大科学家爱因斯坦的照片。其中有一个衔着烟头，用严肃的深思的目光注视着前方。

"你们想了解什么？我该怎么跟你们谈呢？"杨振宁开口说道。

徐迟说："主要有两个问题，先说第一个，你得诺贝尔物理学奖的那个科研成果是怎么回事？大家都知道，但并不很明白。你能不能用几句或十几句比较容易理解的话讲清楚呢？"

"可以的。"

果然杨振宁只用了10句话，就把这件事讲明白了，当然每一句话都不太短。

"你说清楚了，谢谢你！我想请你回答第二个问题。你得到诺贝尔奖到现在，也将近30年了，人们本应当非常关心你的工作的，但你的工作太难懂了，大家无法关心你。能否请你简单明了地告诉我，这些年你进行了哪些科研项目，取得了怎样的成果？"

杨振宁点点头，然后用缓慢的语调，从大脑中搜索着尽可能使对方理解的字句，对自己1957年以后的研究工作进行了说明。

不知不觉，3个小时过去了。徐迟看看洪蓝，洪蓝看看徐迟，两个人都觉得不能再耽误杨振宁教授的宝贵时间了，采访应该结束了。

他们起身告辞，提出希望能看一看著名的布鲁克海文国家实验室的同步稳相加速器,然后乘火车离开石溪,回曼哈顿去。

杨振宁回答说:"事先没有和布鲁克海文联系,而且路途较远。这样吧,楼下有我们自己的一座加速器,小了一点,你们可以去看看。"

他们一起来到楼下的大厅里,看到一座并不小的粒子加速器。杨振宁认真地讲解起来。但两个人无论如何也懂不了。他们不禁又想起奥本海默的那段话:"……这个领域和我们日常生活经验是如此遥远,很难想象它能为任何诗人或历史家所知晓。"看来奥本海默说对了,物理领域的奥秘还远远没有被文学家发现。

杨振宁开车送两人去车站,在车上他高兴地告诉他们,12月底他要去北京参加中国科学院举办的一个会议,到时候再见面。

16 点 15 分,他们到了石溪车站,火车已停在那里,徐迟和洪蓝快步登上火车。火车开动了,杨振宁教授还站在那里向他们挥手。

4. 好朋友邓稼先

1964 年 10 月 16 日,一则消息震惊了全世界。浩瀚的戈壁滩上空升起一团蘑菇云,中国第一颗原子弹爆炸成功了! 对这

个消息最早作出反应的是美国,美国总统约翰逊发表言论说:
"中国不过是爆炸了一个小东西。"马上又更正说:"中国爆炸的
这颗原子弹要比美国当年在日本广岛投的威力要大得多。"接
着,苏联的赫鲁晓夫在中国原子弹的爆炸声中下了台。世界有
人评论:"中国原子弹爆炸这一天,宣告了中国在世界上的地位
提高了。"

过了短短的两年多时间,1967 年 6 月 17 日,中国又成功地
爆炸了第一颗氢弹。

这消息令西方人瞠目结舌。西方的物理学家根本没有把中
国的物理学发展放在眼里,当中国造出了原子弹以后,西方人似
乎才明白,中国也有很杰出的物理学家。更使西方人不能完全
弄懂的是中国发展氢弹的速度会如此之快。

人们都知道,在美国,奥本海默被称为"原子弹之父",泰勒
被誉为"氢弹之父",而中国的"两弹之父"又是谁呢?

中国的"两弹之父"就是与杨振宁有深厚交情的邓稼先。

邓稼先与杨振宁从小就是好朋友,他 1924 年出生于安徽省
怀宁县,与杨振宁是同乡。在清华园两家又是邻居,两个人的父
亲是多年的老朋友。少年时代的邓稼先和杨振宁总在一起玩
耍,他们一块儿打壁球,弹玻璃球,比赛骑车、爬树。小学毕业
后,两人同在北平崇德中学读书,后来成了西南联大的校友。中
华人民共和国成立前夕,两人又都赴美留学。邓稼先在美国普

渡大学获博士学位后立即回到了祖国,从此,两人天各一方。但是,他们的友谊却一直保持着,绵延了半个世纪。

邓稼先回国后,在中国科学院工作。1958 年 8 月,他接受了一项非常重要的任务,告别了妻子和两个年幼的儿女,带领十几位大学毕业生进入了茫茫戈壁滩。这年他只有 34 岁。

戈壁滩上物质匮乏,大家吃的是骆驼刺和沙枣捏在一起的黑色窝窝头。这里的气候条件十分恶劣,冰雪覆盖着大地,气温往往在零下 30 多摄氏度,风沙不断。但在这以后的 28 年里,邓稼先始终坚守在这里,始终站在中国原子武器设计、制造和研究的第一线。20 多年来,没有人知道他们的姓名,没有人宣传过他们的事迹,他们把自己的姓名和对祖国、对人民的爱深深地埋在祖国最荒凉、最偏僻的地方。只有当蘑菇云在戈壁滩升起的时候,人们才想起他们的存在,才向他们投以敬佩的目光。

当第一颗原子弹和第一颗氢弹爆炸成功后,邓稼先依然在从事着他的工作。

十年浩劫开始了,在那是非颠倒的年代里,就连为中国的核武器研制做出巨大贡献的邓稼先也不能幸免。他深知自己肩负的重任,为了国家的利益,他顶着来自各方面的压力,顽强地工作着。

1971 年的夏天,杨振宁第一次回国访问,一下飞机,他就列出了要见的人的名单,名单上的第一个就是邓稼先。这张名单很快传到中央,邓稼先立即被召回北京。

邓稼先回到北京,他做梦也没想到会见到分别了 21 年的老朋友杨振宁。一见面,两双大手就紧紧地握在了一起,两个人眼里都闪动着泪花。

在宴会上,杨振宁悄悄地问邓稼先:"听说中国第一颗原子弹试验成功是有外国人参加了?"邓稼先回答说:"你去问问周总理吧,总理最清楚。"当杨振宁得知中国的"两弹"全部是由中国人自己设计制造的,邓稼先是中国的"两弹"元勋时,他独自离开宴席走进了洗手间。这时,他已是泪流满面了。他为稼先而自豪,更为祖国而自豪!

谁也不会料到,杨振宁和邓稼先的这次会面,对邓稼先来说有着多么重大的意义。不久,基地里暗无天日的局面结束了。

1971 年以后,杨振宁每次回国,两人都要聚在一起叙旧聊天。有一次,杨振宁和邓稼先全家在一块儿吃饭,大家边吃边谈笑着。触景生情,杨振宁想起了在美国留学的日子,笑着对邓稼先说:"这回你可以吃饱了,想当年在美国留学的时候,你可是常常饿肚子的呀!"说完这话,两个人都陷入了对往事的回忆之中。那时候,生活十分艰苦,有一段时间,邓稼先和另一位同学合住在一位美国老太太的阁楼里,有一次吃饭,两份牛排端上后,邓稼先看了看,对那个同学说:"我这块小,你那块大。"那位同学就把自己那份给了邓稼先。回想起这些往事,两个人禁不住都笑了。

后来,杨振宁多次送书给邓稼先,有《杨振宁论文选集》《读书教学四十年》等。1984 年,邓稼先 60 岁生日时,细心的杨振宁还特意送给他一副国际象棋。

5. 痛悼挚友

由于生活条件的恶劣,邓稼先患了重病。远在美国的杨振宁听到这个消息,万分难过。他四处奔走为邓稼先寻找特效药,回国时还特意带来了邓稼先喜爱的音乐唱片,劝他要乐观起来,争取早日康复。

1986 年 6 月,邓稼先病情恶化,杨振宁最后一次到医院看望自己的老朋友。他手捧一大束鲜花,放在了邓稼先的床头。这鲜花象征着两人永存的友谊。

1986 年 7 月 29 日,为中国的核事业奉献了毕生精力的邓稼先在北京逝世。全国上下为失去这位中华精英而感到悲痛万分。中国各大报纸都在首要位置介绍了这位了不起的科学家,赞扬他"名字鲜为人知,功绩举世瞩目"。核工业部号召广大科技人员向邓稼先学习,学习他那不计名利、甘当无名英雄和艰苦奋斗、舍生忘死的革命精神。他的同事和朋友们怀着无比悲痛、崇敬的心情,写下了一支催人泪下的挽歌:

天府杨柳塞上烟，

问君此去几时还？

…………

实验场上惊雷动，

江河源头捷报传。

…………

不知邓老今何在？

忠魂长眠长江畔。

　　国防部长张爱萍也写诗赞扬他"君视名利如粪土，许身国威壮河山"。

　　远在大洋彼岸的杨振宁听到这个消息悲痛万分，立即给邓稼先的夫人许鹿希教授发来了唁电。

　　1987 年 10 月 23 日，杨振宁在有关领导的陪同下，来到了八宝山公墓，祭奠与他有着半个世纪深情厚谊的老朋友邓稼先。

　　时值深秋，寒气袭人。在安放骨灰的灵堂外面搭起了一个灵棚，邓稼先的巨幅遗像前摆着杨振宁送的花篮，缎带上写着：邓稼先千古，杨振宁敬挽。

　　杨振宁眼含热泪站在瑟瑟的寒风中，面对邓稼先的遗像肃立默哀，鞠躬悼念。

祭奠仪式结束后,许鹿希教授按照邓稼先的生前嘱托,把一套安徽出产的石刻文房用具送给杨振宁,上面写着:"振宁、致礼存念,稼先敬留。"面对此情此景,杨振宁再也抑制不住眼中的泪水。

杨振宁说他收集了邓稼先的许多材料,期待有一天有人能写一篇关于邓稼先的传记,把他对中国的贡献详细记述出来。

6. 为老师祝寿

吃过早饭,杨振宁又和往常一样来到了办公室。他站在高大的书架旁,目光停留在一本杂志上,这本杂志的名字叫《现代物理评论》。由于年代久远,书纸都已泛黄。这是 1941 年的秋天在西南联大吴大猷教授送给他的。40 多年过去了,他一直珍藏着这本杂志。

睹物思人,这本杂志引起了他对老师的思念。近半个世纪的时间过去了,自己已由原来的风华少年步入老年,但在内心深处,一直保留着对吴大猷教授的深深的敬意,是吴教授把自己带入了对称原理与群论这个领域,自己以后的工作及成就,都与此有关。

几十年来,他经常给吴教授写信,吴教授每次到美国来,师生俩总要见上一面,但吴教授每次都是来去匆匆,杨振宁无法向老师表示自己深深的敬意。后来,吴教授去了台湾,杨振宁想专程前去拜见,可一直没有机会。两个人已有 3 年时间没有见面了。

杨振宁忽然想起,今年是吴教授 80 大寿,到时候一定要亲自去台湾为老师祝寿。他立即提笔给吴教授写了一封信,表示了自己的心愿。

很快,杨振宁收到了老师的回信,信上说,大家工作都很忙,决定不举行生日祝寿活动了。读完信,杨振宁感到很失望。

可是不久,机会来了。一天,杨振宁收到台湾寄来的一份会议通知,他立即决定借 7 月份参加会议的机会,提前为吴教授祝寿。

1986 年 7 月 28 日,杨振宁和夫人杜致礼一起飞抵台湾。

得知自己的学生要来台湾,80 岁高龄的吴大猷兴奋不已。这一天,他早早地来到台北中正机场的停机坪航空桥上,伫立迎候 3 年未见面的自己最得意的学生。

飞机徐徐降落了,杨振宁刚步下飞机,一眼就看到了那熟悉的身影。吴教授满头白发,但精神矍铄。杨振宁三步并作两步走向吴教授,高兴而急切地问:"老师,您身体还好吧! 您去年住院,现在身体怎么样?"关切之情溢于言表。吴教授紧紧拉住杨振宁的手,频频点头:"还好,还好!"

因为杨振宁是诺贝尔物理学奖获得者,是世界著名物理学家,也因为杨振宁是第一次来台湾,他的台湾之行成为当时台湾新闻界关注的焦点。

在中正机场华航贵宾室,杨振宁被一群记者围住了。镁光灯闪烁,他接受了记者的简短采访。

记者:"您跟吴院长的一段师生情谊中,您认为他给您的最大指导是什么?"

杨振宁:"我在1938年进西南联大时就认识吴先生,第一次听他的课是1941年。1942年在西南联大需要写学士论文,我的论文就是吴先生指导的。这篇论文对我一生影响很大,我一直觉得非常受益,也非常感谢吴先生。"

此次台湾之行,了却了杨振宁要拜见吴教授并为吴教授祝寿的心愿,师生二人一起度过了一段愉快的时光。

杨振宁虽说成了世界名人,但他对所有教过自己的老师,都怀着一份深深的敬意。

当他得知自己的老师费米病重的消息,心中非常着急。在费米弥留之际,他风尘仆仆地赶到芝加哥,出现在费米的病床前,探望自己的引路人。

当他在香港讲学时,得知王竹溪先生病逝的噩耗,悲痛之余,匆匆赶往北京,悼念先生,安慰师母。

杨振宁这种尊重师长、不忘师恩的行为,在科学界一直被传为美谈。

十一

　　杨振宁,一个世界闻名的大科学家,他在母亲面前是个好儿子,在妻子面前是个好丈夫,在儿女面前是个好父亲。

　　现在,他已经77岁了,77岁在人生的旅途中已属暮年,但他在学术上炉火纯青,他的事业仍如日中天,他还在一刻不停地向前走。

1.幸福的家庭生活

　　幸福的家庭生活,是杨振宁事业有成的重要的因素。

　　杨振宁有三个孩子,儿子杨光诺、杨光宇,女儿杨又礼。杨振宁虽说爱妻子、爱儿女、爱这个温馨的家,但由于学术工作繁忙,没有时间来照顾家里。在三个孩子很小的时候,杜致礼就放弃了自己的工作,专门在家里照顾孩子们的生活和学习。那时候,他们也曾度过一段艰辛的日子。

"振宁,孩子们一天比一天大了,要让他们从小在各方面都得到发展,我想把他们送去学音乐和绘画,你看可以吗?"有一天,致礼向丈夫提出了这样的问题。

"好啊!让孩子们从小就受到艺术熏陶,这对他们一生都很重要,只是我没有更多的时间来照顾他们,这就全靠你了。"

从这天起,杜致礼就母兼父职,亲自接送三个孩子去学琴、学画、学吹小喇叭。

三个孩子一天天长大,他们相继进入了小学,学校离家还有一段距离,每天都是妈妈开车接送,孩子们对这些早已习惯了。

儿子喜欢打球,爸爸妈妈都非常支持。可是有一天,家里突然接到了学校的电话:"喂!你们的儿子打球摔伤了,请你们立即到医院来!"放下电话,杜致礼急得不知所措,赶快开车来到医院。儿子摔得很重,伤到脾脏,血流不止,需要做大手术,杜致礼心疼得直掉眼泪。

而这时候,杨振宁却远在波兰作学术演讲。为了不分散他的精力,杜致礼默默地承受了这一切,没有告诉丈夫。直到杨振宁从波兰回来,才知道家中发生的事。看到儿子静静地躺在病床上,作为父亲的杨振宁心里难过极了。

杨振宁虽然不能在家里和妻子儿女朝夕相处,但他无时无刻不在关心着家里的每一个人。他的二儿子喜欢长跑,特别喜欢参加马拉松跑。这可是一项高强度、危险性很大的运动,杨振宁常常要为儿子的安全担心。有一年,儿子又要参加马拉松比赛,恰在这时,杨振宁不在美国,他听说后十分着急,担心儿子的体力坚持不下来,为儿子捏了一把汗。在那段日子里,他每天都要收听收看体育节目,经常往美国打电话询问。当听到比赛中没有人摔伤或出什么意外时,他才放下心来。

杜致礼非常喜欢文学和音乐,也很喜欢雕刻,杨振宁在有限的闲暇时间里,和夫人一起欣赏音乐,到博物馆去欣赏各种各样的艺术品。

石溪分校北门的不远处有一家漂亮的餐馆,这是一家典型的中国餐馆,中国宫殿式的建筑,大红的门窗,使每一个到此用餐的中国人都有一种到家的感觉。这里是杨振宁经常和朋友们一起用餐的地方,也是他和同事、学生们讨论学术问题的地方,他也常带着家人来这里就餐。他喜欢这里的环境和气氛。

饭馆老板也是一位中国人,50 岁左右,性格很随和,他对杨振宁教授又敬重又亲切。

"杨先生,您要什么菜?"老板敬重地问。尽管他对杨振宁喜欢吃的菜已非常熟悉,但每次都要问上一句。

"给振宁来一盘干丝炒肉丝,他最喜欢吃这个菜。"只要杜致礼在场,她会毫不迟疑地这样回答。

虽说在美国生活了几十年,但杜致礼还保留了中国妇女那种传统的美德,把丈夫和孩子看得很重。她关心丈夫的身体,细心地照顾丈夫的饮食起居。她被一家报纸称为"成功男人背后的伟大女人"。

2. 送别岳父

1981 年的元旦刚过,杜致礼就收到了一份国内来电:父亲病重。

杜聿明早期就患有肾结核病,经手术割去了左肾,后又发生感染,病情加重,肾功能极度衰竭,住进了协和医院治疗。经过医护人员的大力抢救和精心护理,杜聿明几次转危为安。

得到父亲病重的消息,杜致礼心急如焚。杨振宁一面安慰她不要着急,一面四处联系为岳父找特效药。

不久,杜致礼由美国飞回国内,一下飞机就直奔医院,来到了父亲的病床前。这时杜聿明病情很重,昏迷不醒。看到父亲病成这样,杜致礼的泪水忍不住簌簌往下掉,她拿出为父亲带回来的透析用药,交给了医生。

这种药果然效果不错,杜聿明的病情得到控制,神志清醒了。杜致礼如释重负,她守在父亲的床前,喂饭喂药,和父亲拉家常。精心照顾了一段时间后,杜致礼告别父母,返回美国。

杜聿明躺在病床上,自知病情严重,难以康复,回顾自己的一生,百感交集,写下了一份遗嘱,全文如下:

余青年时,受孙中山先生革命救国思想之感召,投奔黄埔军校。自谓救国有路,乃全力以赴,不计其他,于东征、北伐、抗日诸役,均积极从征,略有贡献,后因对我国历史发展缺乏正确认识,乃致事与愿违,负疚万分!

1949 年以来,受中国共产党的教育,眼界为之开阔,始知只有社会主义才能救中国。幸国家与人民不咎既往,给余再生之机会,且本爱国一家,爱国不分先后之精神,给余分配工作。多年以来,余更得政协常委与人大代表之荣誉,后半生能走上社会主义之光明大道,余深深感到幸运,誓以余年为国家做出贡献。余自分配到全国政协文史资料研究委员会军事组工作后,除负责审核各方来稿外,并撰写、整理辽沈、淮海等亲身经历诸战役之经过,还计划撰写抗日期间昆仑关、中缅印战区等战役之历史资料,以供史学家之参考及后代教材之用。年来宿病日趋恶化,深感时日无多,急望生前能完成各项任务,奈何力不从心,殊为遗憾!

余以衰病之躯,竟达逾古稀之年,全仗国家医疗制度之照顾。病危期间,承蒙多方抢救,余夫妇深为感激。余妻曹秀清素知余志,余已嘱其率子女为祖国现代化继续做出贡献。病危深思,最关怀者一言而已:盼在台湾之同学、亲友、同胞们以民族大义为重,早日促成和平统一,共同把我文明古国建成现代化强国,为子孙万代造福!

4月底,杜聿明的病情又突然恶化,肾功能全部衰竭,呼吸困难,不省人事。曹秀清急忙给女儿发出电报,让她速回国与父亲诀别。致礼接到电报后立即起程,于5月6日飞回北京。到首都机场已是下午6点多了,她思父心切,不顾旅途疲劳,驱车直奔协和医院。

这时的杜聿明已不能说话,但心里似乎还知道是女儿致礼回来了,当女儿拥抱他时,他的眼里流出了热泪。5月7日上午7时27分,杜聿明停止呼吸,与世长辞,终年77岁。

接到岳父病危的电报,杨振宁极为关切,但他正忙得不可开交,学术活动排得满满的,不能和夫人一起回国同岳父作最后的告别。岳父逝世的噩耗传来,杨振宁以最快的速度处理完手头的工作,于5月22日回到北京。政协的领导为了使杨振宁能参加葬礼,把杜聿明的遗体告别和追悼大会的日期一推再推。

杨振宁怀着极其沉痛的心情,参加了23日岳父的遗体告别仪式,25日又在政协礼堂参加了追悼大会。会后,杨振宁与杜致礼搀扶着曹秀清,捧着杜聿明的骨灰盒到八宝山墓地安放。

岳父的丧事刚刚办完,杨振宁顾不上休息,匆匆飞往日本,参加世界科学组织的会议。

他总是这样匆忙,因为有许许多多的工作在等着他。

3. 母子情深

在许多场合,杨振宁都情不自禁地提起自己的母亲。1987年 11 月,他在接受新加坡的新闻记者的采访时,深情地说:

"我 1922 年出生于安徽合肥,在 10 个月大的时候,父亲就到美国教学,前后共 5 年。所以,在我出生到 6 岁这段时间,就只有母亲和我两人相依为命,关系非常密切。

"母亲没有受过新式教育,旧式教育也受得很少。她的中文阅读能力是自学而来的。我头 6 年对中文字的认识也是母亲教的。她虽然没有真正受过教育,但她的意志非常坚强。

"30 多年来,母亲一直保持她一贯刻苦勤俭的作风,为一家大小操劳。她是到了 80 多岁以后,因为精力比较不够才休息下来,真是八十年如一日。

"我本人的个性和作风,受到父母的影响都很大,也许可以说,明显的影响(如学术知识)是来自父亲,而不明显的影响(如精神气质)是来自母亲。到现在我自己年纪大时,从我和子女的接触中,我才深深体会到,母亲对我的成长所给予的熏陶和影响。母亲的勤俭朴实作风给我很大的影响。"

这些满含深情的话语,表现了一个儿子对母亲的敬重和爱戴。

1984 年，母亲已经 88 岁了。许多年以来，振宁都想把母亲接来美国，接到自己的身边，让母亲来看看美国，看看儿子离开家后学习、工作和生活的地方。但由于各种原因，一直未能如愿。这次，他借回国的机会，把母亲接来了。

母亲来到儿子的家，全家人都为老人家的到来欣喜万分。致礼忙着为婆婆做最好的饭菜，儿子光诺、光宇和女儿又礼围在奶奶的身边，听她讲中国古老的故事，讲父亲小时候那些有趣的事情。

这是一个难得的星期天，天气晴朗，微风徐徐。振宁亲自开车，陪母亲来到布鲁克海文实验室。这里对振宁来说，是个终生难忘的地方，他在这里度过了一生中最不平凡的岁月，他的两篇轰动世界物理学界的论文就是在这里写成的。

布鲁克海文仍然是那样宁静，那样美丽。绿绒般的草地在阳光下闪闪发光，浓密的树林里时而传出一阵阵小鸟的鸣唱，一些可爱的小动物在路上跳跃出没。

振宁陪着母亲来到了他原先的办公室。振宁告诉母亲，1954 年，就是在这里，他和米耳斯创立了杨－米耳斯规范场。当时，这篇论文并没有引起人们的注意，但随着时间的流逝，它越来越显示出耀眼的光辉。

杨振宁又告诉母亲，也是在这间办公室里，他和李政道多次交谈、讨论，在 1956 年写出了《弱相互作用中的宇称守恒问题》

这篇令世界物理学界震撼的论文。这个地方对他的一生都有着十分重要的意义。

振宁慢声细语地娓娓道来，母亲认真地听着，她虽然不太懂儿子所说的"规范场""宇称守恒"等，但她知道，这些对儿子一定很重要，因此她频频点头。

从这间办公室里出来，振宁搀扶着母亲，站在窗前的一棵大树下拍了一张照片。照片上，母亲站在儿子的身旁，脸上流露出的全是喜悦和满足。

母子俩又穿过树林，来到了布鲁克海文的国际村。这里是专为从世界各地来此进行学术访问和工作的科学家建造的。50年代，杨振宁一家就居住在这里。现在虽然房屋旧了，门窗也有了改动，但周围的环境依然如故。在这里，振宁给母亲讲述了他们当年在这里生活的情景。那天，他们到很晚才回去。

母亲在美国的日子里，振宁无论多忙，总要抽出时间单独和母亲在一起。

每当夜幕降临，振宁结束了一天的工作，会静静地来到母亲的身边，和母亲促膝长谈。他们从振宁当年离家谈起，从在美国的学习、工作、成家、立业，到弟弟妹妹、亲戚朋友，都是他们谈论的话题。他们谈中国，也谈美国，振宁真想把自己几十年来在世界各地的见闻都讲给母亲听。母子俩好像有说不完的话题，这是母亲最高兴的时候了。儿子如今是世界著名的大物理学家，但在母亲面前,他仍然像个孩子。看着他那熟悉的脸庞和那依旧炯炯有神的大眼睛,听着他那亲切的话语,母亲心中充满了幸福,仿佛又看到了50多年前和自己朝夕相处的儿子,她不知道这是真的还是在梦中。

80年代初期,香港中文大学聘请杨振宁做客座教授,杨振宁欣然应聘,其中一个重要的原因就是这里的气候和生活习惯都适合自己年迈的母亲。

1985年,母亲的身体越来越虚弱了,振宁把她接到了香港安居,因为他经常来这里工作,一年当中可以有好几个月和母亲在一起。每当天气晴朗、风和日丽的日子,振宁都要用轮椅推着母亲到校园里去走走看看,陪母亲说说话,以此来减少她的寂寞感。

1987年,91岁高龄的母亲走完了她的人生历程,悄然离去。

4. 拒绝接受的荣誉

位于香港吐露港畔的中文大学创办于1963年,经常聘请世界各地的华裔有名学者来这里执教或讲学。自从80年代初期杨振宁被聘为这里的客座教授之后,一年当中有时半年时间他都在香港。为自己的民族培育人才,这是他最乐意干的事情。

中文大学为了感谢杨振宁对本校所做的贡献,一直想授给他一个荣誉学位。

有一天,学校有关人士找到杨振宁,郑重其事地提出了这个问题,却被他婉言拒绝了。原因很简单,因为这时的香港还在英国人的统治之下,中文大学要授予某个人荣誉学位,要由港督亲自授予。杨振宁羞于与港督面对面地行接受之礼,他不愿意从一个英国统治者的手中接过这荣誉,他认为这是一个华裔科学家不能接受的。

这件事很快在香港各地传开了,人们对杨振宁表现出的强烈的民族自尊感倍加称赞,也使那些曾接受了港督颁授荣誉的人深感不安。

1997 年 7 月 1 日,在中华民族的发展史上,是一个值得大写特写的日子,被英国统治者夺走了一百年的香港重新回到了祖国的怀抱。在人们的欢呼声中,香港上空飘了一百年的英国国旗降下来了,鲜艳的五星红旗在香港上空冉冉升起,它宣告了香港一百年屈辱历史的结束。全世界的华人都为香港回归祖国而欢欣鼓舞。

香港回归不久,中文大学举行回归后的第一次颁发荣誉学位的仪式,处于世界科学顶峰地位的杨振宁名列前茅。

举行仪式的那天,人们意外地发现杨振宁教授缺席了。主持人告诉大家,杨教授最近因身体的原因不能亲自到香港来接受这一荣誉。听到这个消息,人们都感到十分的遗憾,从心底里祝愿这位科学家早日康复。

5. 参加北大百年校庆

1998 年 5 月 4 日,初夏的北京风和日丽、鲜花绽放。北京大学未名湖上洒满阳光,湖光塔影,格外迷人。这一天,享誉中外的著名学府北京大学迎来了百年校庆,这是北大发展史上的一个重要里程碑,也是中国高等教育的世纪庆典。

一大早,数万名北大校友云集未名湖畔,共话母校风雨百年。

这天上午,北京人民大会堂成了万众瞩目的焦点,庆祝北大建校 100 周年大会将要在这里举行。

10 时整,庆祝大会在雄壮的国歌声中开始。党和国家领导人江泽民、李鹏、朱镕基、李瑞环、李岚清等走上主席台,向到会的北大校友、师生代表和国内外的来宾挥手致意,一时间,万人大礼堂内掌声雷动。

在这不寻常的日子里,作为世界著名的华人科学家、北京大学的名誉教授、当年西南联大的学生的杨振宁,也从大洋彼岸回到北京,来参加这令人难忘的庆典。

5 月 5 日,"著名华人科学家演讲会"在北大举行,这是北大百年校庆最具特色的活动之一。

这天清晨,近千名北大及部分外校学生、教师从四面八方来到会场。虽然有凭票入场的限制,正常情况下能容纳 800 人的礼堂仍然大大超员,过道中、走廊里都挤满了人,没有座位的学生席地而坐。

今天在这里演讲的有四位科学巨星,杨振宁是其中之一。除杨振宁外,还有诺贝尔化学奖获得者、中国科学院院士、美国国家科学院院士李远哲;瑞典皇家科学院奖和美国科学奖章获得者、中国科学院院士、美国国家科学院院士丘成桐;诺贝尔物理学奖获得者、中国科学院院士、美国国家科学院院士朱棣文。

朱棣文用英文演讲了《与生物学相结合的原子和分子物理学的前沿》。

李远哲的演讲题目是《面向 21 世纪的挑战》。

丘成桐的演讲题目是《数学:它的内容、方法和意义》。

杨振宁演讲的题目是《对称与物理学》。

杨振宁从自然界的雪花讲到中国的青铜器,从古建筑讲到中国的诗歌、外国的音乐;小到厕所的地板、传说中的海螺,大到天体的运行轨迹,都成了他注释现代物理学的例证。他的演讲不时被师生们的笑声、掌声打断。一位研究生深有感触地说:"我觉得听杨振宁教授讲课,学到的不仅是知识,而且是做学问的方法。"

演讲还在继续,掌声还在不停地响起。年青的一代将会从这些世界科学大师的演讲中获得启示和力量。

6. 崇高的威望

提起杨振宁在物理学上的贡献,人们首先想到的是"宇称不守恒"和"杨－米耳斯规范场",这是他举世闻名的两项成就。除了这两项之外,翻开《杨振宁论文选集》,可以看到他的贡献和造诣多么令人惊讶。200多篇论文涉及各个领域,每篇论文都向人们展示了这位物理学家的巨大成就。那一串串光耀夺目的科学成就,足以说明杨振宁被称为当今健在的最伟大的物理学家是当之无愧的。

在国际物理界,对杨振宁的学术成就,有着极高的评价。

被誉为美国"氢弹之父"的杰出核物理学家爱德华·泰勒,在1982年8月12日给杨振宁的祝贺信中说:"……这篇论文几乎成为每次深入讨论的基础。为此,我建议他应第二次获得诺贝尔奖。"

苏联高能物理研究部主任巴汀认为,杨振宁是当代狄拉克逝世以后在世的最伟大的物理学家。

美国知名的物理学家、诺贝尔奖获得者赛格瑞在他的《从X射线到夸克》一书中,认为在这几十年中可以算得上全才的理论物理学家有三个,其中就有杨振宁。

与杨振宁共同工作20多年的聂华桐教授1982年9月在访问中国科学技术大学时，对杨振宁给予了很高的评价，他说："杨先生在国外的华裔心目中是一个骄傲，他在物理学上的成就是10年、20年或是30年中都不容易出现的。"

　　杨振宁取得的巨大成就，也为他赢得了一项又一项殊荣。荣誉和奖章总是属于那些倾心于奋斗的人。

　　1974年，美国总统尼克松亲自提名杨振宁为林肯讲座教授。这在美国是一项特别的荣誉，每年只颁予三名卓越的学者。

　　1993年，美利坚哲学学会决定把这个学会的最高荣誉本杰明·富兰克林奖章颁发给杨振宁，因为"杨振宁教授是自爱因斯坦和狄拉克之后20世纪物理学出类拔萃的设计师"。

　　1994年的秋天，美国费城富兰克林学院决定把1994至1995年度的鲍威尔科学成就奖颁发给杨振宁，表彰他在近代物理学上所做出的卓越贡献。鲍威尔科学成就奖是美国乃至北美地区奖金额最高的科学奖，杨振宁是获得这个奖的第一位物理学家。

　　此外，1957年，杨振宁获诺贝尔奖和爱因斯坦纪念奖。

　　1980年，获福德奖。

　　1986年，获美国国家科学奖章及自由神奖章。

　　在中国，为表彰杨振宁在理论物理研究中的杰出贡献，有关方面把中国科学院紫金山天文台于1975年11月26日发现的、国际正式编号为 3421 号的小行星命名为"杨振宁星",这是一项崇高的荣誉。

1996 年 1 月,杨振宁被中国国家科学技术委员会首次授予国家级国际科学技术合作奖。

更由于杨振宁的成就和威望,各种重要的学术机构或组织都对他委以重任。

1965 年,杨振宁担任美国国家科学院物理评议委员会理论物理学小组委员会主席。

1972 至 1976 年,他担任国际理论和应用联合会粒子和场论分会主席。

1977 至 1980 年,他担任全美华人协会主席。

同时他还担任美国科学院、巴西科学院、委内瑞拉科学院、西班牙皇家科学院院士,还担任了美国哈佛大学、美国普林斯顿大学、美国国务院外国学者基金林肯讲座、中国复旦大学、中国科技大学、香港中文大学、荷兰莱顿大学等许多世界著名高校、学会的讲座教授、名誉教授、理事等。

从这一长串的赞誉、奖章和头衔,可以看出杨振宁在国际学术界享有崇高的威望和声誉,也可以看出人们对他的拥戴和尊重。

7. 他依然在向前走

寒来暑往,岁月交替。转眼来到了1999年,杨振宁教授已
经77岁了。77岁,在人生的旅途中已步入暮年,但他在学术上
炉火纯青,他的事业仍如日中天。

1983年3月2日,杨振宁在香港中文大学20周年纪念讲座
上演讲时曾经讲道:"很幸运的,我的读书经历大部分在中国,
研究经历大部分在美国,吸取了两种不同教育方式的好的地方。
又很幸运地,我能够有机会在象牙之塔内工作了17年,现在在
象牙之塔外也工作了17年。回想一下,我给我自己一个勉励:
应该继续努力。"

和杨振宁一起工作过的科学家也这样描述他:"他从不满
足现状,而具有一往无前、百折不挠地向自然进攻的精神;富有
敏锐的物理直观和预见力。他经常带着一些问题,在思索,在运
算,同时也把这些问题交给别人,引导别人同他一道思考。他总
是抱着一种永不满足的求知精神,平等地同别人讨论。同他讨
论问题是一种享受,许多科学家都有同感。"

正是这种永不满足、勇往直前的精神,造就了杨振宁这位世
界级的科学家。

1987年,全球掀起了一场超导研究的热潮,因为超导具有

特殊的魅力,它的秘密一旦被揭开,将会对世界、对人类发生一场革命性的变化。在很短的几个月时间内,超导的研究成果不断涌现。

有一天,一位香港记者采访时问道:"杨教授,你现在有哪些新的研究计划?"

"我现在埋头研究高温超导。"杨振宁非常认真地回答。

听完这句话,这位记者不禁愣住了,对杨教授目前的研究项目大惑不解,他急切地问:"你在规范场的研究已取得重要成就,为什么不集中精力在这方面发展,以便再夺取诺贝尔物理学奖?"

杨振宁笑了笑,双眼注视着前方,沉思了几秒钟后说:"规范场可以说是我一生中最重要的研究,现在除物理学家外,数学家及广义相对论的研究人员也参与这方面的研究,估计人数达数千人……"说到这里,他的两眼放光,激动地说:"现在高温超导的新发现震动世界!它与规范场论相比,规范场论是抽象的理论结构,而高温超导则是具体问题,我对新问题比较喜欢,所以,我目前主力研究高温超导。至于诺贝尔奖,这是可遇不可求的事……"

杨振宁就是这样,他总是站在世界物理研究的最前列,开拓新的领域,研究新的问题。

当新世纪的钟声即将敲响之际,人们从电视屏幕上的"学术报告厅"中又看到了杨振宁那熟悉的身影,他正在进行学术演讲。为了中国现代化的明天,杨振宁经常来中国讲学,把世界科学新知识传播给年青的一代。他虽然已两鬓染霜,但仍是精神矍铄,思路清晰。他的演讲,博得了台下一阵阵热烈的掌声。

杨振宁,这位名扬四海的科学家,还在一刻不停地、孜孜不倦地为人类科学文明而奋斗着,还在不停地为中国的科学技术事业而辛勤奔走着。他的思想、品格和风范,将激励一代又一代中华儿女为祖国的繁荣昌盛而努力!